FAO中文出版计划项目丛书

联合国粮食及农业组织关于亚洲及太平洋地区减少粮食损失和浪费的区域战略

联合国粮食及农业组织　编著

尹艺伟　娄思齐　译

中国农业出版社
联合国粮食及农业组织
2025·北京

引用格式要求：

粮农组织。2025。《联合国粮食及农业组织关于亚洲及太平洋地区减少粮食损失和浪费的区域战略》。中国北京，中国农业出版社。https://doi.org/10.4060/cb8959zh

ISBN 978-92-5-135884-9（粮农组织）
ISBN 978-7-109-33205-8（中国农业出版社）

在亚太地区乃至全球范围内,粮食损失和浪费作为一个持续性问题,正在愈发引起人们的关注,并给城乡社会带来深刻影响。粮食损失和浪费意味着有限的自然资源、资金和人力白白地损失和浪费。粮食不安全影响着数百万人口,温室气体过度排放正在加速气候变化进程[①②③],新冠疫情也暴露了粮食体系的脆弱性。以上问题尚未得到充分解决,导致粮食损失和浪费现象经常性发生[④]。粮食体系的脆弱性体现在生产者应对未知收获前景的能力不足,原产地直销市场薄弱,以及缺乏可直接食用的安全营养食品的回收和再分配网络。

放眼全球,国家和非国家行动方均已认识到防止粮食损失和浪费迫在眉睫。2020 年 11 月,在一次线上举行的高级别对话会上,"粮食联盟:全球防止健康危机演变成粮食危机联盟"正式启动。粮食联盟联结各类网络,各方自愿参与。当年 3 月,二十国集团农业和水利部长会议曾呼吁,为防止和减少粮食损失和浪费,需进一步提高公众认知,并采用新手段和新做法。

亚太地区人口超重和肥胖问题日益凸显,与此同时,该地区也在努力改善其 4.79 亿食物不足人口的粮食和营养安全状况[⑤]。减少粮食损失和浪费有助于改变这一现状,同时着力为包括消费者在内的所有利益相关方改善和建设可持续、有韧性的城乡粮食体系。

联合国可持续发展目标 12(SDG 12)呼吁各国"采用可持续的消费和生产模式"。目标 12.3 要求到 2030 年,"将零售和消费环节的全球人均粮食浪费减半,减少生产和供应环节的粮食损失,包括产后损失"。联合国粮食及农业组织(以下简称粮农组织)战略框架与目标 12.3 脉络吻合。2018 年在斐济召开的粮农组织亚太区域会议上,各成员对粮食损失和浪费问题表示关切,并要求粮农组织就解决该问题作出指导。2020 年线上举行的亚太区域会议[⑥]强调,必须就目标 12.3 执行情况加强监测和报告,重点关注减少粮食损失和浪费并制定完善的政策和计划,重建更好未来。目标 12.3 的实现将使粮食体系的环境影响减少 1/6,即 16%。

本书是粮农组织首次针对亚太地区粮食损失和浪费问题制定区域战略。本书包含文献综述,对中国、泰国、尼泊尔、澳大利亚等国案例的深入分析,以

及非洲、欧洲和中亚、拉美和加勒比、近东和北非等区域经验分享。2021年
6月1—2日，粮农组织亚太区域办事处举行线上磋商会，探讨本地区减少粮食
损失和浪费的战略及实施路线。该战略旨在支持粮农组织各成员实现可持续发
展目标12.3。为实现该目标，一是要扩大对技术和治理能力的有效投资；二
是要促进国家和非国家行动方建立合作和伙伴关系，同时致力于实现"零饥饿
挑战"五大目标之一，即食物零损失、零浪费；三是要推动实现可持续发展目
标1：在全世界消除一切形式的贫困，以及可持续发展目标2：消除饥饿，实
现粮食安全，改善营养状况和促进可持续农业。

凝心聚力，实现目标

金钟珍

联合国粮食及农业组织助理总干事

兼亚洲及太平洋区域代表

ACKNOWLEDGEMENTS 致 谢

《联合国粮食及农业组织关于亚洲及太平洋地区减少粮食损失和浪费的区域战略》由粮农组织亚洲及太平洋区域办事处（亚太区域办事处）跨学科写作团队在 Anthony Bennett 的带领下编写完成。Anthony Bennett、Sangita Dubey、Warren T. K. Lee、Beau Damen 和 Camelia Bucatariu 对本书的概念拟定、编写、审校和定稿均作出了卓越贡献。位于泰国曼谷的亚洲理工学院对本书起草提供了外部支持。粮农组织亚太区域办事处 Susana Siar 提供技术支持，粮农组织总部 Divine Njie 负责对本书进行同行评审。

2021 年 6 月 1—2 日于泰国曼谷举行的粮农组织亚太区域办事处线上磋商会上，各成员国及非国家参与者对本书草稿提出了修改意见，亦不胜感激。

此外，本书对粮农组织亚太区域办事处 Dararat Vibulcharoenkitja 和 Nuanpan Chaoprakoon（行政和物流支持）、Robert Horn（手稿编辑）以及 QUO 公司（平面设计）表示诚挚感谢。

缩略语 ACRONYMS

ADS	农业发展战略
ADB	亚洲开发银行（亚行）
AfDB	非洲开发银行（非行）
AIT	亚洲理工学院
APEC	亚太经济合作组织（亚太经合组织）
APRC	联合国粮食及农业组织亚洲及太平洋区域会议（粮农组织亚太区域会议）
ASEAN	东南亚国家联盟（东盟）
CFS	世界粮食安全委员会（粮安委）
CLP	关键损失节点
FAO	联合国粮食及农业组织（粮农组织）
FLW	粮食损失和浪费
FSC	粮食供应链
GFLI	全球粮食损失指数
GHG	温室气体
HLPE	粮食安全和营养高级别专家组（高专组）
IFAD	国际农业发展基金（农发基金）
IFI	国际金融机构
IFPRI	国际食物政策研究所
IFWC	国际食物浪费联盟
MSW	城市固体废物
NDCs	国家自主贡献
SAARC	南亚区域合作联盟（南盟）
SCP	可持续消费和生产
SDG	可持续发展目标
UNEP	联合国环境规划署（环境署）
UNICEF	联合国儿童基金会

WBCSD　　世界企业永续发展委员会
WFP　　　世界粮食计划署（粮食署）
WHO　　　世界卫生组织（世卫组织）
ZHC　　　零饥饿挑战

执行概要 EXECUTIVE SUMMARY

2012 年，联合国发起了"零饥饿挑战"，其五大战略目标之一旨在调整粮食体系，杜绝粮食损失和浪费现象。2015 年，联合国宣布启动《2030 年可持续发展议程》。议程提出了 17 个可持续发展目标，其中，目标 12 呼吁国际社会"确保可持续的消费和生产模式"，目标 12.3 要求到 2030 年，"将零售和消费环节的全球人均粮食浪费减半，减少生产和供应环节的粮食损失，包括产后损失"。

2018 年 4 月，粮农组织第三十四届亚洲及太平洋区域会议（亚太区域会议）在斐济召开，区域成员对减少粮食损失和浪费表示关切，并要求粮农组织提供相应指导和技术援助。2020 年 9 月，第三十五届（线上）会议强调"将加强粮食损失和浪费方面数据收集作为监测可持续发展目标执行进展的优先重点"⑧，并建议粮农组织通过创新和数字技术，支持气候智慧型投资，并减少产后损失。

2019 年，粮农组织首次发布粮食浪费指数（可持续发展目标指标 12.3.1）全球评估，报告指出，2016 年，全球约 13.8% 的粮食在从产后到零售之前（不包括零售）的环节被白白损失❶。区域层面，澳大利亚和新西兰粮食损失和浪费比重为 5%～6%，中亚和南亚地区为 20%～21%。

2020 年 9 月 29 日是首个国际粮食损失和浪费问题宣传日，联合国秘书长安东尼奥·古特雷斯强调需进一步解决粮食损失和浪费问题。他指出新冠疫情暴露了粮食体系的关键弱点，并呼吁将粮食损失和浪费议题纳入《巴黎协定》有关气候行动方案⑨。粮食损失和浪费导致近 1/4 的农业用水白白消耗，造成的温室气体排放占每年排放总量约 8%。若按国家体量计算，粮食损失和浪费已成为仅次于中国和美国的全球第三大温室气体排放来源。

新冠疫情为粮食需求和供应带来巨大冲击，给城乡社区造成多方面影响，例如粮食总量和供应变化莫测，膳食质量下降，贫困和营养脆弱群体深受影响。疫情防控期间，发展中国家小农、渔民以及畜牧和奶业劳动力急剧减少，

---

❶ 各种商品的实物量估计数，并按经济加权值加总。

收获及农场加工技术短缺，导致供应链各行动方收入下降，且无论从经济上还是地理上来讲，消费者都更难获取充足的安全营养食物。

2020年，粮农组织亚太区域会议将粮食损失和浪费作为本区域的重点议题之一。粮食损失和浪费造成的影响从生产端一直渗透到价格端。因此，防止和减少粮食损失也会同时对上下游带来影响。尤其需要注意，经济决策是导致粮食损失和浪费的重要原因，且需进一步加强数量和质量测量。

本书旨在加强公众对粮食损失和浪费问题的认识，推动完善数据收集和分析，促进国家和非国家层面相关预防和削减措施的制定和执行，就可持续发展目标12.3执行情况进一步开展测量、监督和汇报工作。

到2050年，人口和收入增长将推动农业总产量增长，尤其是受气候变化影响，粮食需求或将上涨62%[①]。粮食损失和浪费导致生物多样性压力以及蓝色、绿色和灰色水足迹大幅增长。粮食损失和浪费水平居高不下暴露出一种缺陷，为全球、区域、国家和本地粮食体系带来巨大的经济、社会和环境影响。

据估计，全球每年粮食损失和浪费导致近1/4的农业用水白白消耗，造成的温室气体排放占每年排放总量约8%，经济损失约9 400亿美元。2020年，政府间气候变化专门委员会发布《气候变化与土地》特别报告指出，2010—2016年，全球粮食损失和浪费造成的温室气体排放占排放总量的8%～10%。

实现可持续发展目标12.3，意味着粮食体系对环境的影响将减少最多1/6；将气候变化适应和减缓措施与预防和减少粮食损失和浪费行动相结合，将有助于形成跨部门解决方案。同时，全世界范围内本可预防的粮食损失和浪费现象仍旧发生，导致在生产、产后和消费阶段，大量热量、微量营养素和宏量营养素损失巨大。

本书建议通过改进粮食的生产、储存和分销方法，减少粮食损失和浪费并实现充足食物权。需要加强亚太地区小型粮食生产者和消费者的认识，促进多行动方和多学科协作，从而有效减少粮食损失和浪费。可持续、包容性、有韧性的区域和本地粮食体系也依赖于消费者的"食物素养"（适应城乡发展情况）和粮食安全状况。

国家粮食损失指数中的粮食损失和浪费数据质量和数量均需进一步完善。数据的收集和解释应基于热量、微量营养素和宏量营养素等人体营养素的流失、地方到国家级粮食不安全数据库（可持续发展目标2）和国家食物成分表。数据应与可持续发展目标直接挂钩，例如目标6（水资源可持续管理）、目标11（可持续城市和社区）、目标13（气候变化）、目标14（海洋资源）和目标15（陆地生态系统、林业、生物多样性）。

粮农组织致力于支持各国就可持续发展目标指标12.3.1（a）：粮食损失指数进展情况进行监测和汇报，并支持联合国环境规划署（环境署）提出的可持续发展目标指标 12.3.1（b）：粮食浪费指数。

为解决粮食损失和浪费问题，亚太地区各国政府、民间社会组织及部分私营和金融行业行动方已经发起诸多倡议。例如，澳大利亚、中国、日本、新加坡和泰国针对粮食损失和浪费问题或二者其一制定了国家战略；亚洲开发银行（亚行）、世界银行、东帝汶、印度和帕劳已开展地方和产业项目；荷兰合作银行、印度 Greenpod Labs 公司、Winnow 公司以及世界企业永续发展委员会等私营部门牵头开展创新行动；Second Harvest Asia 组织、澳大利亚 OzHarvest 组织以及印度 Roti 食物银行致力于为粮食不安全社区提供支持；此外，亦有国家针对家庭食物消费发起了节约粮食及改变行为倡议，例如马来西亚开展的"智慧饮食，节约粮食"运动，以及中国的"光盘行动"。

鉴于此，本书系粮农组织首次针对亚太地区粮食损失和浪费问题制定战略，汇集利益相关多方智慧并采用多学科方法，旨在为成员国提供因地制宜的支持，并提出五大支柱：

支柱 1：提高对预防和减少粮食损失和浪费的认识，促进国家和非国家合作与伙伴关系。

支柱 2：确定并解决供应链关键节点和消费环节的粮食损失和浪费。

支柱 3：加大预防和减少粮食损失和浪费方面的投资力度。

支柱 4：监测并推动国家和区域落实可持续发展目标指标 12.3.1。

支柱 5：支持粮农组织亚太区域成员针对预防和减少粮食损失和浪费制定并实施协调一致的治理框架。

为扩大行动和影响范围，本书重点强调通过发挥粮农组织在召集各方、分享知识以及向成员提供政策和技术支持方面的作用，探索机遇弥补区域协调、知识分享和点对点学习等方面的不足。

本书的编写基于翔实的文献资料、粮农组织过去及当前在全球、区域❶和国家层面开展的活动以及深入的国家研究❷，并于 2021 年 6 月 1—2 日召开的区域磋商会（线上）确认定稿。

从区域到地方各级，粮食损失和浪费为粮食体系利益相关各方带来深刻的社会经济影响。例如，粮食损失和浪费会影响生产者的投资回报与最终消费者的营养状况，从零售到家庭消费阶段产生的粮食浪费及供应链上其他行为产生的温室气体排放影响着气候变化。因此，需从国家和非国家层面采取措施，大范围预防和减少粮食损失和浪费。具体做法包括：制定针对性或综合性的连贯的粮食体系规章制度；营造有利于短期、中期和长期投资的战略和商业环境；

---

❶ 即非洲、欧洲和中亚、拉美和加勒比、近东和北非地区。
❷ 例如中国、尼泊尔和泰国。

建立并加强私营部门、公共部门和民间社会跨职能合作，促进社会经济和技术创新；提升消费者的食物素养，从而推动粮食体系转型，实现健康可持续膳食并减少粮食浪费。

采取因地制宜的解决方案十分重要。在城市化、人口增长以及气候变化的驱动下，亚太地区正在经历系统性转型。为采取持续有效的粮食损失和浪费问题解决办法，必须推动多行动方和多学科齐心协力。通过预防和减少粮食损失和浪费，提高安全营养食物供应，能够改善该地区粮食安全和营养状况（粮农组织、联合国儿童基金会、世界粮食计划署、世界卫生组织，2021）。

采取此类干预措施应当借助同行对话和知识交流促进平台，从而获得地方、国家和全球层面粮食损失和浪费问题治理方法和成果的有关知识。此外，对粮食损失和浪费问题及其解决办法带来的经济社会及环境影响进行整体回顾，也可为制定干预措施提供借鉴。例如，《巴黎协定》国家自主贡献❶重点包括通过减少零售和消费阶段产生的粮食浪费，达成削减温室气体排放的目的。此外，还可通过粮农组织关于粮食损失指数子指标、粮食供应链关键损失节点分析以及渔业损失等方面的在线学习课程，为可持续发展目标指标12.3.1a 国家粮食损失指数监测和报告提供进一步指导，从而支持措施制定。最后，应通过国家和非国家行动方开展磋商，推动国家和地方层面各领域粮食损失和浪费问题应对策略、行动和投资计划的制定实施及监测评价。

同时，粮食损失和浪费意味着供应链上粮食总量减少，为粮食和农业价值链及农民生计带来直接影响。某些情况下，农场（包括收获阶段）发生的粮食损失（包括供自身家庭消费的粮食和出售的粮食）缺乏恰当的储存条件、保鲜技术和营销渠道，导致粮食销售受限，并最终影响农民收入。

---

❶ 《巴黎协定》和国家自主贡献：第四条第二款："各缔约方应编制、通报并保持它打算实现的下一次国家自主贡献。缔约方应采取国内减缓措施，以实现这种贡献的目标。"

CONTENTS **目 录**

第 1 章　粮食损失和粮食浪费

© shutterstock/MehmetO

1.1　定　义

联合国于 2015 年通过了 2030 年全球可持续发展议程，提出 17 个可持续发展目标。其中，可持续发展目标 12 致力于可持续生产和消费，目标 12.3 呼吁"到 2030 年，将零售和消费环节的全球人均粮食浪费减半，减少生产和供应环节的粮食损失，包括产后损失"。

对可持续发展目标 12.3 进展情况进行跟踪汇报，不仅对于实现目标 12 至关重要，也有助于顺利实现其他目标，包括目标 2：零饥饿❶。为支持上述路径，关键是形成全球公认的粮食损失和浪费定义，从而确定干预措施的优先

---

❶　目标 6（可持续水资源管理）、目标 11（可持续城市和社区）、目标 13（气候变化）、目标 14（海洋资源）、目标 15（陆地生态系统、林业、生物多样性）、目标 17（伙伴关系）。

次序，并生成从地方到全球层面的可比较数据集。

可持续发展目标 12.3 涉及两方面内容，即粮食损失和粮食浪费，二者可分别用由联合国两家机构单独管理的一项指标进行衡量。

2019 年，粮农组织对粮食损失（通过可持续发展目标指标 12.3.1a 进行衡量）和粮食浪费（通过可持续发展目标指标 12.3.1b 进行衡量）做出了全球定义。粮食损失定义亦对食物不可食用部分进行了界定，为国家统计报告提供了框架⑪。可持续发展目标指标 12.3.1a，也称为粮食损失指数，其定义为"供应链上粮食数量损失百分比"。指标 12.3.1a 对粮食损失的完整定义❶如下：

粮食损失是指在零售阶段之前（不包括零售阶段）因丢弃、焚烧或其他处置方式而直接或间接完全退出收获后或屠宰后生产供应链，并未再用于任何其他用途（如动物饲料、工业用途等）的所有作物和畜牧产品中可供人类食用的部分。发生在储藏、运输和加工阶段的损失以及进口产品的损失也都计入在内。损失着眼于商品整体，包括不可食用部分⑫。

可持续发展目标指标 12.3.1b 粮食浪费指数反映粮食从零售端到消费端发生的浪费情况。该指数由环境署负责监管，粮农组织提供技术支持。该指数衡量各种产品从加工到消费阶段的人均粮食浪费水平（以吨为单位）❷。

在粮食浪费指数概念中，"粮食浪费"是指从人类食物供应链各阶段（包括食品零售、餐饮服务和家庭消费）丢弃的食物及其相关不可食用部分。这些被丢弃的食物最终处理方式包括垃圾填埋、可控燃烧、投入污水渠、成为废弃物、厌氧堆肥、好氧堆肥或土地利用。

食物是指用于人类食用的所有物质，包括加工、半加工和未加工产品。食物包括饮料，以及在食物生产、制备和处理过程中使用的所有物质。因此，粮食浪费既包括"可食部分"，即食物中用于人类食用的部分，也包括"不可食部分"，即食物中不可用于人类食用的部分，例如骨、壳、核等⑬。

粮食损失和浪费整体概念框架见图 1-1。厘清定义是开展测量工作的基础，从而跟踪目标进展情况。对粮食损失和浪费进行定义可采用两种方法，其中一种基于国家至全球层面的数据收集和汇报（即可持续发展目标指标 12.3.1a 和12.3.1b），另一种基于供应链上粮食损失和浪费的关键节点分析。根据第二

---

❶ 转用于其他经济用途（如动物饲料）的粮食，并不被视为粮食在数量上的损失或浪费。同样，不可食部位也不被视为粮食损失或浪费（粮农组织，2019）。

❷ 可持续发展目标指标 12.3.1 粮食浪费指数分为两级：一级指标，即根据全球模型估算的废弃物总量中的粮食浪费，其基础是废弃物总量中粮食浪费的区域系数；二级指标，即按供应链阶段划分的粮食浪费情况，旨在基于国家优先重点，收集供应链各阶段产生的粮食浪费有关数据。详见：ht-tps：//uneplive. unep. org/indicator/index/12＿3＿1（Consulted on 09 November 2020）。

种定义方法，粮食损失包括数量
型粮食损失和质量型粮食损失❶。
粮农组织《2019 年粮食及农业状
况》报告⑭对此定义如下：

质量型粮食损失和浪费是指
食物属性的减少，导致其预期用
途的价值降低。食物质量未达标
准会导致食物营养价值和经济价
值降低。例如，受损水果中维生
素 C 含量会下降。质量下降可能
造成食品不安全，给消费者健康
带来风险。

质量型粮食损失是指食物属
性的减少，导致其预期用途的价
值降低——这些问题皆是由食物
供应环节的决策和行为造成的。

© shutterstock/Stephen Barnes

质量型粮食浪费问题道理相通，但它主要出现在零售、餐饮服务和消费
环节。

1.2　成因

造成粮食损失和浪费的原因不尽相同，取决于粮食的生产、加工、储存和
销售情况，以及消费者的食物素养能力。从微观、中观和宏观角度⑮来看，可
分别从粮食体系的供应链环节以及结构性和系统性层面发现问题。为制定粮食
损失和浪费问题的重点解决方案，不仅需要发掘问题的原因，还需要对原因进
行逐级分析。在实施节粮减损干预措施之前，应该考虑到哪些根本原因？

目前，发达国家、转型国家和发展中国家有关从业人员、研究人员和政
策制定者正在研究粮食损失和浪费原因和程度之间的联系，并对解决措施的
影响和可行性进行评估。纵观该主题有关文献，各国已对该问题的成因达成
共识。

从生产到零售阶段，粮食发生损失的原因既可能与行为主体有关，也可能
与系统性因素有关。已查明的原因包括昆虫、啮齿动物、鸟类对作物的损害；
不利或极端天气；由于设备故障，冷藏不当，收获、干燥、碾磨、加工、运输

---

❶　粮食损失指数（可持续发展目标指标 12.3.1a）不包含此内容。

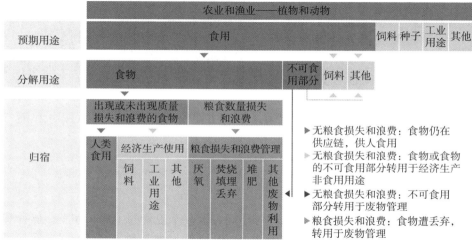

图 1-1 粮食损失和浪费概念框架

注："工业用途"包括用作生物燃料、用作包装材料的纤维、制造生物塑料（例如聚乳酸）、制造皮或毛等传统材料（例如枕头），以及将脂肪、油或油脂转化成生产肥皂、生物柴油或化妆品的原材料。工业用途不包括厌氧消化，因为后者旨在处理废弃物。"其他"包括用作肥料和地被等。柱状长度不代表相关产品的总量或总值。

资料来源：粮农组织，2019。

效率低下，以及公共道路和基础设施严重落后而导致食物损失和损坏；为了美观对产品过度分级⑯；农业补贴导致农作物生产过剩⑰；包装材料、机械等食品接触材料不合格；粮食储存点的基础设施欠缺，导致粮食缺乏荫蔽，堆放时间较长，错失市场销售机遇；相较出口供应链，对本地市场供应链投资不足；以及对可用解决方案和成本效益分析缺乏认识，无法投入行动⑱。

准确查明问题的成因是节粮减损举措成功的关键。例如，2020年，世界企业永续发展委员会开始与其成员企业合作，对粮食损失和浪费进行量化，查明问题成因并制定优先解决方案。例如，葡萄牙跨国企业 Sonae 公司的果蔬供应商遍及全球，该企业有 5 个试点项目，据称，若项目规模扩大，可将损失和浪费减少 1/3，相当于挽回 1.2 万吨粮食。Sonae 公司估计，该举措可为自身及其供应商每年节省 1 000 万美元。这是因为 Sonae 公司供应链中约 20% 的水果和蔬菜在到达消费者手中之前就已经损失或浪费了。另外 13% 的损失发生在供应商运营阶段，7% 发生在零售商店中。五个试点项目包括：产品规格审查、脱水计划、市场平台搭建、捐赠计划以及"好食物不应浪费"活动[19]（插文 1-1）。

➡ 插文 1-1：东帝汶：玉米价值链关键损失节点

玉米是东帝汶消费最广泛的商品，是农民维持生计和家庭粮食安全的关键因素。东帝汶玉米产量的 85% 用于国内消费。全国年均产量约 8.7 万吨，单产约每公顷 2.1 吨。总产量中仅 20% 在市场上销售（市场价值 1 160 万美元）。

重点针对劳滕县正规和非正规的玉米供应链开展关键损失节点分析。结果表明，粮食损失在供应链上各阶段均有发生，特别是在收获、干燥和农场储存阶段，平均估计损失分别为 5.5%、2.5% 和 2.5%。劳滕县玉米年均产量 140.8 吨，估计总损失 15.4%，即总经济损失 9 800 美元，或人均损失 98 美元（玉米售价：0.45 美元/千克）。

造成粮食损失的原因包括缺乏劳动力和设备以及干燥和储存设施不足、收获期间降水和落后的道路条件。

资料来源：粮农组织，2018。《粮食损失分析：成因和办法——东帝汶民主共和国玉米价值链案例分析》。罗马：44。许可证：知识共享署名-非商业性使用-相同方式共享 3.0 国际组织许可协议。

文献列举了造成食物浪费的几种原因。例如，低收入消费者购买的低质量食品最终未被食用或遭丢弃，造成大量食物浪费[20][21]；价格导向的批量采购也会在一定限度上产生食物浪费[22]；另外，较高的可支配收入也容易导致食物浪费[23]。其他原因还包括消费者对"保质期"和"最佳食用期"产生混淆[24][25]，以及面向各年龄段和不同场景的餐饮服务效率严重不足，同时食品采购规范过于僵化[26]。

总体而言，文献表明，人们对食物浪费问题缺乏认知或意识。很少有人充分了解食物浪费的数量、与之相关的经济损失、食物分量不当的影响，以及减少食物浪费的策略[27]。缺乏认知意味着消费者的食物素养不足，无法协调可支配时间、财务资源和食物管理技能。例如，能力欠缺会导致零售销售点在包装、温度和湿度控制方面不够完善。认知的缺乏还会影响餐饮服务，比如导致餐厅准备过多食物等[22]。文献指出，废弃物管理系统不堪重负，在对餐厨垃圾进行分类、收集和利用方面困难重重。若能解决上述问题，将有助于预防食物浪费现象的发生[23]。这也将有助于防止或减少垃圾处理场中因有机物和水分含量增加而产生的甲烷排放。甲烷是一种温室气体，产生的温室效应比二氧化碳强 25~72 倍。

亚太地区的国家和非国家行动方（包括发展中国家和发达国家的消费者）在采取预防和减少粮食损失和浪费行动方面受到多种因素驱动。例如，行动旨在减轻对环境的影响，通过促进粮食获取与供应加强粮食安全，推动自身商业模式可持续发展，提高生产力，以及缓解填埋空间压力和降低生物垃圾管理成本。无论将哪些方面作为采取节粮减损措施的优先重点，充分了解粮食损失或浪费的数量与质量，对于资源分配和追踪社会经济环境影响及成果而言都是关键所在[30]（插文 1 - 2）。

© shutterstock/BK Awangga

➡ 插文 1 - 2：美国：粮食损失和浪费应对策略

可通过定性和定量研究探明粮食损失和浪费问题的原因。其中，在供应链的初始阶段，粮食的干燥、研磨、运输和加工均会造成损失和浪费，且粮食还遭受着虫害、霉菌和细菌侵袭。在零售阶段，设备故障和供需失调也会造成浪费。最后，消费者的食物素养不足、备餐计划不周、对餐食分量缺少把握以及剩菜处理不当，也会造成浪费。

查明原因后，需制定和采取相应行动。

2013 年 6 月，美国发起了"杜绝食品浪费挑战"。据美国国家环境保护局估计，垃圾填埋场及焚烧设施中，食物废弃物（超过 750 亿磅）占日常垃坂的比重最高，占城市固体废弃物的22%，并且"垃圾填埋场是美国第三大与人类有关的甲烷排放源"。2018年10月，美国农业部、国家环境保护局和食品药品管理局在"赢得减少食物浪费胜利"倡议下联合签署了一项正式协议。

2019年，三部门共同发布了一份联邦政府战略，提出六个主要行动领域：

（1）加强机构间协作；

（2）加强消费者教育和宣传工作；

（3）加强粮食损失和浪费计算方面的协调和指导；

（4）澄清和交流有关食品安全、食品日期标签和食品捐赠的信息；

（5）与私营部门合作，减少供应链各环节粮食损失和浪费；

（6）鼓励联邦机构在各自管辖领域减少食物浪费。

教育是美国减少粮食浪费战略方针的重要行动领域。2016年以来，美国国家环境保护局已经向校园和青年组织开展的减少食物浪费实践项目赠款超过33.8万美元。美国国家环境保护局、美国农业部和阿肯色大学开发了一种工具，帮助学校计算校园餐厅的食物浪费数量，分享预防食物浪费的小技巧。一些食品杂货店和超市连锁店（例如Ahold Delhaize、Kroger、Sprout Farms Market、Walmart、Wegmans以及Weis Markets）加入了由美国农业部和环境保护局发起的"美国减少粮食损失和浪费2030年冠军"联盟。

资料来源：美国国家环境保护局，2019。《粮食损失和浪费事实清单》，https：//www.epa.gov/sites/production/files/2019 - 09/documents/epafoodwaste _ factsheet _ 2019 - 11.pdf；https：//www.rbcgam.com/en/ca/article/food - loss - waste/detail。

© shutterstock/khoamartin

1.3 全球、区域和国家粮食损失和浪费情况综述

对现有粮食损失和浪费水平测量文献进行荟萃分析，结果表明在供应链、商品组和区域层面，粮食损失和浪费水平存在差异。"1990—2017 年，仅有 39 个国家每年向粮农组织报告官方数据"③，因此亟须加大努力，扩大可利用数据并提高数据质量。

2019 年，粮农组织用粮食损失指数对全球进行了首轮估测，指出 2016 年全球粮食总产量中有 13.8% 在农场到批发阶段遭到损失❶。从区域来看，澳大利亚和新西兰的粮食损失水平为 5%～6%，中亚和南亚为 20%～21%② （图 1-2）（插文 1-3）。

> ### ➲ 插文 1-3：帕劳：食物废弃物分类收集是
> ### 减少粮食浪费的关键
>
> 2012 年，太平洋岛国帕劳总人口约 17 400 人，其中约 70% 人口生活在该国主要商业中心科罗尔省。食物浪费是帕劳废弃物管理体系面临的重大挑战。由于从个人到全行业的食品管理能力不足，家庭消费、餐厅酒店和食品加工企业均成为食物浪费的主要来源。
>
> 科罗尔省的废弃物收集系统为家庭和私营部门行动方设置了废弃物隔离点。该省家庭每年产生约 1 369 吨固体废物，其中可生物降解的厨房垃圾占 26%。
>
> 由于数量庞大，政府提供堆肥箱和木片，可对食物废弃物进行"三明治"式堆叠。参与的家庭每月可免费获得堆肥。
>
> 资料来源：亚行，2014。《太平洋岛国固体废物管理——帕劳国家概况摘要》，https://www.adb.org/sites/default/files/publication/42665/solid-waste-management-palau.pdf。

首轮全球粮食损失估算表明，东亚和东南亚地区作物在农场生产阶段损失在 0.1%～18%，主要是玉米和水稻。中亚和南亚地区损失比重超过 40%，主要为豆类，这表明该地区消费水平高于其他地区，后者豆类损失占比不足 2%③。

粮食损失指数采用经济价值作为会计计量，避免某一低价值（例如较低营养价值）产品仅仅因为重量更高而被赋予更高权重。然而，对于某些特定商

---

❶ 各种商品的实物量估计数，并按经济加权值加总。

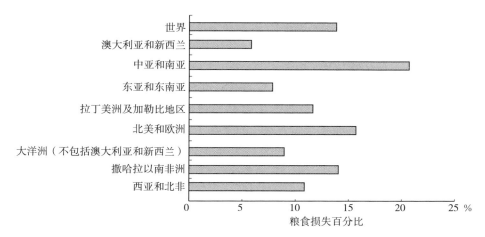

图1-2　2016年全球与各地区粮食从产后到流通阶段损失百分比

注：粮食损失占比是指各种商品损失数量占生产总量的百分比。在区域层面或商品组层面上按照经济加权值将上述百分比加总，则高价值商品在损失估测中的权重高于低价值商品。

资料来源：粮农组织，2019。

品，尤其是目标地区食物篮中的商品，我们亦需确定^④❶其在供应链上的关键损失节点^⑤❷，评估可能采取的干预措施的效率和可行性，包括对干预措施的实施及其对消费者膳食的影响进行成本效益分析。对关键损失节点进行分析（插文1-4），不仅能够确定损失最多发生在哪一环节以及对粮食供应链行为方产生的社会经济影响，还能确定在哪一环节投资能够获得最大回报（插文1-4）。

> **⊙ 插文1-4：印度：芒果供应链关键损失节点识别和分析**
>
> 　　芒果提供膳食能量、碳水化合物、纤维、矿物质和维生素。印度是世界上最大的芒果生产国，年产量为1 957万吨，76%的小农和边缘农户种植芒果。
>
> 　　2016年，对安得拉邦的两条供应链，即维济亚讷格勒姆县的新鲜水果供应链和奇图尔县的加工水果供应链进行了关键损失节点评估。评估发现：
>
> 　　在收获（包括分拣）阶段，加工水果供应链和新鲜水果供应链数量型损失分别为12%和20%；
>
> 　　由于果实腐烂和成熟不均，加工水果供应链质量型损失比重为20%；

---

❶　众所周知，对粮食损失和浪费的程度、位置和原因进行调查十分复杂且成本高昂（粮农组织，2019）。

❷　关键损失节点是粮食供应链上粮食损失数量最大、对粮食安全的影响最深、涉及经济维度最广的阶段（粮农组织，2019）。

腐烂、机械损坏和水分流失导致水果萎缩，新鲜水果供应链零售阶段发生数量型损失和质量型损失分别为5.1％和25％。

经济影响和机遇评估：假设维济亚讷格勒姆县50％农产品（相当于每年183 828吨）销往遥远的市场，采用传统包装的损失率为15％，则每年造成粮食损失79 925吨，经济损失16 784 334美元。如果租用塑料板条箱，预计减少损失20％，相当于每年减少粮食损失15 985.08吨，减少经济损失3 356 867美元。使用塑料板条箱相当于每年带来500 562美元利润。

资料来源：粮农组织，2018。《粮食损失分析：成因和办法——印度共和国芒果价值链案例分析》，罗马：58。许可证：知识共享署名-非商业性使用-相同方式共享3.0国际组织许可协议。

粮农组织2019年报告称，所有地区水果和蔬菜在零售阶段浪费水平为0～15％，不包括撒哈拉以南非洲地区（35％，异常值除外）。亚洲各区域食物浪费价值中位数相同，但中亚和南亚地区的百分比变化较大，表明减少食物浪费的空间较大。

2021年，环境署首个食物浪费指数显示，"2019年全球有9.31亿吨食物白白浪费，其中61％来自家庭消费，26％来自餐饮服务行业，13％来自零售业。这意味着全球粮食浪费水平或达17％（家庭消费占11％，餐饮服务行业占5％，零售业占2％）"[5]。

©shutterstock/Parikh Mahendra N

亚太经济合作组织（亚太经合组织）粮食损失和浪费数据（表1-1）[7]显示了该问题的严重性，并强调该区域存在重大的数据和信息鸿沟。

表1-1　亚太经合组织经济体粮食损失和浪费数据

序号	经济体	粮食损失和浪费（1 000吨/年）
1	中国香港	2016年 总计：1 318
2	日本	2015年 生产阶段：16 533 批发阶段：2 940 零售阶段：12 750 家庭消费阶段：8 320

（续）

序号	经济体	粮食损失和浪费（1 000 吨/年）
3	马来西亚	2016 年 大米损失：205
4	新西兰	2015 年 总计：123
5	秘鲁	2017 年 马铃薯：生产阶段 16％，销售阶段 1％，加工阶段 6.1％
6	菲律宾	2013 年 收获阶段（占总产量比重）：水稻：2.03％；玉米：1.08％ 脱粒/脱壳阶段：水稻（脱粒）：0.08％；玉米（脱壳）：0.52％ 处理和储存阶段：水稻：0.8％；玉米：0.56％ 加工阶段：水产品：25％～30％ 分销阶段：水产品：20％～25％ 消费阶段：大米：689 704 吨
7	新加坡	2017 年 家庭消费阶段：336 吨
8	越南	2018 年 水果和蔬菜： 生产阶段：占总产量 13％ 产后处理和存储阶段：7％ 加工阶段：8.6％ 分销阶段：3.0％ 总计：700 万吨，占总产量 32％

资料来源：亚太经合组织，2018。

在国家层面开展有针对性的行动可以大大提高对预防和减少粮食浪费行为驱动因素的认识，同时也有助于提供更佳数据，例如中国在 2013 年发起了"光盘行动"（插文 1 - 5）。

➡ 插文 1 - 5：中国：以消费者为主体，预防和减少粮食浪费

2015 年，中国产生的城市食物废弃物达 1 700 万～1 800 万吨[⑰]。粮食损失和浪费造成二氧化碳过量排放，全国平均每人每天产生 152 克二氧化碳当量，高收入地区每人每天产生 315 克二氧化碳当量[⑱]。2013 年，中国在全国范围内发起了"光盘行动"，旨在减少消费者外出就餐和在家就餐产生的食

物浪费。该倡议显著推动了粮食体系行为方和消费者行为的改变。

Tsai、Chen 和 Yang[40]一项研究关注最终消费者的食物浪费问题。参与研究的有 368 名大学生，其中 179 人（占总人数 48.6%）为男性，189 人（占总人数 51.4%）为女性。该研究分析了能够最大限度削减食物浪费的因素，结果表明能够减少和预防食物浪费的驱动因素主要有三个：环境关切、主观规范和感知行为控制。

"大多数受访者选择在大学食堂内就餐（72.0%）和打包就餐（60.9%），只有 58 人（15.8%）选择在餐馆吃饭。58.1%受访者表示从不剩饭，23.9%表示极少剩饭，仅有 18%受访者表示浪费较多。在处理剩余食物方面，213 人选择将剩饭扔进垃圾桶，55 人选择将其留作下一餐，41 人选择投喂宠物或流浪动物，59 人选择其他选项。此外，258 人（70.1%）表示在扔掉食物时感到内疚，81 人（22.0%）表示只有一点内疚，14 人（3.8%）表示几乎不在乎，15 人（4.1%）表示完全不在乎。大多数受访者对剩饭问题和爱惜粮食表达了关切。"

该研究结论以及"光盘行动"经验表明，媒体需要发挥更大作用，促进消费者行为改变，减少外出就餐和在家就餐造成的食物浪费。

此外，2014 年中国政府为减少粮食损失和浪费采取了若干举措。中共中央、国务院印发了《关于厉行节约反对食品浪费的意见》，国家粮食局、工业和信息化部和国家质量监督检验检疫总局发布了《关于促进粮油加工业节粮减损的通知》。

1.4 粮食供应链和消费者面临的粮食安全和社会经济影响

对节粮减损[41]进行投资会带来可观收益[42]，具有良好的经济和社会意义。投资势在必行，因为粮食损失和浪费会造成不必要的温室气体排放，加剧发达国家和发展中国家气候变化[43][44]。全球气候变化的影响，与粮食损失和浪费造成的温室气体排放影响互相叠加，再加上水资源质量和供应下降及生物多样性丧失等压力因素，已经导致城乡供求动态受到影响。

粮食损失和浪费意味着生产力下降，并最终影响食品价格。因此，节粮减损会对价值链上游和下游产生影响[45]。需要格外注意，经济决策是导致粮食损失和浪费的重要原因，需要完善计量工作，同时反映数量型损失和质量型损失[46]。针对预防和减少粮食损失和浪费，利用好亚太地区粮食和农业方面的社会和技术创新❶，对于拓展能够推动系统性变革的解决方案至关重要。

粮食损失和浪费和气候变化影响着膳食多样性⑰·❷和粮食生产。多样性对于消除粮食不安全和营养不良以及确保粮食体系韧性也至关重要。若全球粮食损失和浪费减少 25％，食物—热量差距将缩小 12％，土地利用差距将缩小 27％，温室气体缓解差距将缩小 15％。应对气候变化是亚太地区的优先重点。本书第 3 章对粮食损失和浪费的环境和气候影响进行了深入分析。

2020 年 9 月 29 日是首个国际粮食损失和浪费问题宣传日。当日，联合国秘书长安东尼奥·古特雷斯表示我们需加倍努力解决粮食损失和浪费问题，并将粮食损失和浪费问题纳入《巴黎协定》中有关气候问题的规划。此外，古特雷斯呼吁对突然爆发的新冠疫情造成的粮食体系脆弱性进一步提高认识。

农民的收入分配、粮食存储条件以及收获效率提升技术，对于减少粮食损失至关重要，且为提升小农的粮食安全作出直接贡献⑱。为预防粮食损失和浪费，生产者与粮食供应链中的其他行动方将会紧密联结，共同承担责任，尽可能降低粮食损失和浪费从供应链上某一环节向另一环节传递的风险。

从性别角度来看，必须认识到妇女这一群体在粮食体系中发挥着重要作用，作为个体也受到营养不良问题影响。粮农组织发现，妇女在获得培训以及加入生产者组织、获取资金和市场方面面临重大限制——所有这些领域都能够最大限度地减少粮食损失和浪费。"严重缺乏妇女营养问题干预措施的数据，且未能充分解决未生育（无子女）和老年妇女、青少年和孕前个体的营养问题，会导致营养劣势代际传播，相互交织且不断加深⑲。"

粮农组织、国际农业发展基金（农发基金）、联合国儿童基金会、联合国世界粮食计划署（粮食署）和世界卫生组织（世卫组织）在 2019 年发表的联合声明中指出，按照目前的营养趋势，"我们将既无法实现 2030 年可持续发展目标中将发育迟缓儿童数量减半的目标，也无法实现 2025 年世界卫生大会中将低出生体重发生率降低 30％ 的目标"。最大限度地提高社会福利是一项挑战——针对粮食消费和生产而采取的环境会计方法往往在政策层面面临阻碍，缺乏一致性甚至遭遇抵制，导致市场资源分配失败⑳。

预防和减少粮食损失和浪费意味着消费者的粮食供应有所增加。然而，低收入、中等收入和高收入国家也应该将打通粮食供应渠道纳入节粮减损的干预措施中㉑。实现可持续发展目标 12.3 并落实营养改善路径，将有助于实现目

---

❶ 粮农组织（2020）对农业创新定义如下：在特定情况下，首次使用新的或现有的产品、流程或组织方式，从而提高效能、竞争力和韧性，促进粮食安全和营养、经济发展和可持续自然资源管理。详见：https：//www.fao.org/asiapacific/perspectives/innovations/en/。

❷ "膳食多样性"是衡量食物消费的定性指标，能够反映家庭获得各种食物的情况，也是衡量个人膳食营养是否充足的指标。

标 2.1（消除饥饿，确保充足食物）和目标 2.2（减少营养不良）。例如，根据报告数据，发展中国家粮食损失最严重的部分发生在农场阶段。这对粮食供应具有重大影响，尤其是在小农粮食体系中，农户种植或生产的谷物等粮食大部分供家庭自身消费，剩余粮食用于出售。如果农民的剩余粮食有消费市场，那么提高产量可以增加农民的收入。

有关预防和减少粮食浪费的干预措施通常发生在粮食供应链的零售阶段到家庭消费阶段，并影响到粮食供应链的总体经济效率。

通过采取干预措施，可以减少私营部门、公共部门和环境部门承担的（生物）废弃物管理成本，并有助于提高家庭预算效率。Yu 和 Jaenicke[52]发现，浪费食物可被视为家庭投入效率低下。文献强调，先前认为发展中国家比发达国家浪费粮食较少的理论正在迅速失效。Liu 和 Nguyen 在 2020 年的一项研究指出，2012 年在越南首都河内，食物废弃物占城市固体废弃物的 53.8%（即 3 149 723 吨）。到 21 世纪中叶，中国和南亚等经济体可能在决定全球食物浪费状况方面发挥关键作用[53]。

减少供应链早期阶段的粮食损失往往最有利于保障粮食供应和粮食安全，并使小规模粮食生产者受益。投资建设大规模基础设施，包括可靠的电力或冷藏设施可以减少供应链上发生的粮食损失，即便这并非投资的本身目的[54]（图 1-3）（插文 1-6）。

➡ 插文 1-6：农发基金：向小规模粮食生产者捐资促进粮食减损

2012—2020 年，农发基金向发展中国家小规模粮食生产者捐资总计 3 175 824 美元。执行伙伴包括大不列颠及北爱尔兰联合王国国际发展部、爱尔兰政府、爱尔兰援助组织、粮农组织、瑞士发展与合作署、粮食署和洛克菲勒基金会。

捐资重点针对芒果、高粱、玉米、大米、苔藓、番茄、豇豆、花生、豆类和向日葵等作物采取措施。采用粮农组织的粮食损失分析方法，对 5 个非洲国家和东帝汶的不同粮食价值链进行了评估，并在布基纳法索、刚果民主共和国、埃塞俄比亚、马拉维、卢旺达和乌干达等非洲国家以及东帝汶进行了技术试点。此外，利用补充捐资，在 6 个非洲国家和东帝汶开展试点，惠及 11 000 名农民、贸易商和加工商。

缺乏可负担的资金来源是阻碍小农群体投资节粮减损技术的关键制约因素。例如，在卢旺达，农民使用防水油布防止粮食受潮，并使用密封袋作为家用储粮容器，从而将玉米损失从 18% 减少至 4%。此举为每个家庭平均每年节省 128 千克玉米，相当于一个 6 口之家额外挣得两个月的粮食或 79 美元收入。

资料来源：农发基金，2020。《粮食减损十年：农发基金粮食减损补充捐资概览》。

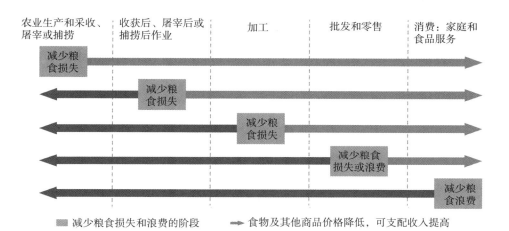

图 1-3 在食物供应链的不同阶段，减少粮食损失和浪费对价格和收入的潜在影响
资料来源：粮农组织，2019。

供应链上粮食损失和浪费导致的不可见的营养流失——关乎健康膳食和营养

通常用重量衡量粮食损失和浪费水平，也有一些研究使用热量或其他经济单位作为衡量指标。质量型粮食损失和浪费较难测量，因为涉及各种质量和营养特性，难以判断其相关性。以重量计算粮食损失和浪费无法充分考虑营养因素。食物数量保存完好并不意味着微量营养素和大量营养素同样完好无缺[55][56]。食物从生产者流通至消费者手中之前，食物的处理、加工和储存过程都会发生营养流失。

食物中的营养素密度会因食物的处理过程、储存条件和食物链中隐性营养流失热点变化而有所不同，了解这一点将有助于完善食物处理、加工和储存流程，从而最大限度地提高食物的营养质量。可持续健康膳食[57]和营养安全[58]关乎人类健康和福祉以及地球健康，以上概念定义可以为有关粮食损失和浪费研究提供进一步指导。

可持续健康膳食是一种能够全面促进个人健康和福祉的饮食模式。这种模式带来的环境压力和影响较小，对消费者来说易于实现、负担得起、安全、公平，且在文化上可接受⑤。

营养安全是指在确保获得适当营养膳食的同时，还要确保环境卫生和适当的保健服务，使所有家庭成员享有健康和积极的生活。营养安全不同于粮食安全，因为营养安全除了考虑膳食充足性，还要考虑给予足够照料，并保证健康和卫生⑥。

粮农组织最近两项研究表明，供应链上本可预防的粮食损失和浪费造成的微量营养素损失之巨令人震惊⑥①⑥②。第一项研究聚焦世界七大地区水果和蔬菜供应链中维生素 A 和维生素 C 的损失和浪费情况⑥③。在农场生产阶段、产后阶段和消费阶段，大量维生素白白流失（图 1-4）。

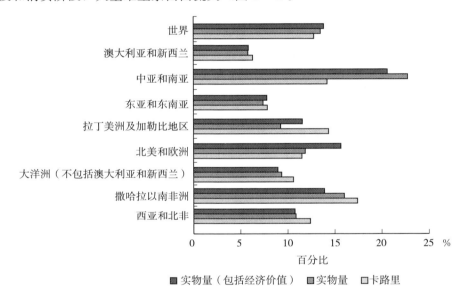

图 1-4 全球与各地区不同度量的粮食损失百分比（以 2016 年为基期）
资料来源：粮农组织，2019。

相反，加工阶段营养流失最少。总体而言，亚洲高收入国家（日本、中国和大韩民国）维生素 A 和维生素 C 人均损失和浪费水平最高［维生素 A：784 微克视黄醇当量/（人·天）；维生素 C：90 毫克/（人·天）］，而撒哈拉以南非洲地区由于谷物消费比重较高，其维生素 A 和维生素 C 人均损失和浪费水平最低［维生素 A：135 微克视黄醇当量/（人·天）；维生素 C：26 毫克/（人·天）］。

在农业生产层面，亚洲、北美洲和大洋洲高收入国家人均维生素 A 和维生素 C 的损失和浪费最为严重［维生素 A：228 微克视黄醇当量/（人·天）；

维生素 C：33 毫克/（人·天）]。在消费层面，水果和蔬菜中维生素 A 和维生素 C 浪费情况最为严重的是日本、中国和大韩民国，浪费水平最低的是撒哈拉以南非洲地区。2018 年，农业和粮食体系促进营养全球专家组就解决粮食体系营养流失和浪费问题发布了政策建议。

联合国世界粮食安全委员会（粮安委）粮食安全和营养高级别专家组（高专组）[64]承认，在粮食损失和浪费引发的营养问题上存在知识差距。此方面分析数据将促进粮食体系政策和计划制定，减少粮食损失和浪费及有关营养流失，并倡导可持续的粮食消费和生产模式。

鉴于在国家和次国家层面，针对产后损失导致的微量营养素流失量估算缺乏指导，粮农组织基于肯尼亚、喀麦隆和印度的案例研究，制定了有关标准方法。案例研究旨在探讨粮食损失、相继引发的营养流失（铁、锌、维生素 A 和维生素 C）以及上述国家 5 岁以下儿童微量营养素缺乏症发生率三者之间的关系（插文 1-7）。

> ### ➡ 插文 1-7：农业和粮食体系促进营养全球专家组：防止营养流失和浪费重点行动领域
>
> 粮食损失和浪费影响健康膳食的供应和购买。微量营养素缺乏、营养不足和致肥饮食问题为政策制定者带来巨大挑战，不仅威胁人们的健康、学习能力和生产力，同时，膳食质量低下也导致医疗花费不断增加。
>
> 通过预防粮食损失和浪费，可以减少营养流失和浪费，消除饥饿和营养不良。重点领域包括：
> - 对粮食体系利益相关方开展教育，将减少粮食损失和浪费作为工作重点；
> - 采取务实举措，保存粮食体系营养；
> - 改善公共和私营基础设施，促进粮食体系良好高效运行；
> - 鼓励采用创新方法保护营养；
> - 完善数据收集和分析，弥补数据缺口。
>
> 资料来源：全球农业和粮食体系促进营养小组，2018。

研究表明，肯尼亚某些食物（例如大蕉、香蕉甜品、玉米和奶类）供应链上的维生素 A 损失总量达 1.13×10^{11} 微克视黄醇当量，主要来自奶类和香蕉甜品供应链。在肯尼亚，估计 21% 的儿童能够满足每日维生素 A 需求。理论上讲，案例研究所揭示的铁营养素流失量本可满足 24% 的五岁以下儿童对铁的需求；锌和维生素 C 的比例分别为 8% 和 33%。

喀麦隆某些食物（例如新鲜番茄、木薯条、咖喱粉和新鲜马铃薯）供应链上的维生素 A 损失总量估计为 6.51×10^{10} 微克视黄醇当量，主要来自新鲜番茄供应链。在喀麦隆，估计 25％的儿童能够满足每日维生素 A 需求。理论上讲，案例研究所揭示的铁营养素流失量本可满足 15％的五岁以下儿童对铁的需求；锌和维生素 C 的比例分别为 12％和 83％。

印度某些食物（例如新鲜鹰嘴豆、大米、奶类和芒果）供应链上的维生素 A 损失总量估计为 1.76×10^{12} 微克视黄醇当量，主要来自芒果供应链。在印度，估计 21％的儿童能够满足每日维生素 A 需求。理论上讲，各地区不同供应链上发生的铁营养素流失量本可满足 2％的五岁以下儿童对铁的需求；锌和维生素 C 的比例分别为 2％和 23％。

研究表明，可预防的产后微量营养素流失数量惊人，如果将上述三国有关情况纳入计算，损失规模将会更大。因此，未来采取节粮减损措施时应将营养因素考虑在内。同时，亟须在国家和区域层面加强营养丰富食物的损失和浪费数据收集工作，以便有理有据地向利益相关方和决策者提供建议，完善有关营养敏感的干预措施，减少粮食损失和浪费导致的产后微量营养素流失。

在低收入和中等收入国家，估计粮食损失大规模发生在生产和零售之间阶段[⑤]。鉴于国内食物供应链上发生的粮食损失导致面临重大膳食挑战的人口食物总供应量直接减少，尼日利亚（作为中等偏下收入国家）和印度尼西亚（作为中等偏上收入国家）加入了全球改善营养联盟发起的产后营养损失联盟倡议，致力于减少粮食损失（分别针对番茄和水产品）和改善营养，尤其关注儿童和妇女的营养问题（插文 1-8）。

> ### ➲ 插文 1-8：尼日利亚和印度尼西亚：减少产后损失 并提高营养水平
>
> 位于日内瓦的全球改善营养联盟发起了产后营养损失联盟倡议，致力于推进全球和国家公共和私营部门联盟有关粮食减损方面的工作。在该倡议框架下，2015—2019 年尼日利亚开展了国内番茄价值链工作，2018—2020 年印度尼西亚开展了国内水产品价值链工作。
>
> 尼日利亚：大约 30％的 5 岁以下儿童缺乏维生素 A。只有 21％ 的 6～24 个月的儿童和 55％的 15～49 岁的妇女的饮食满足最低多样性的门槛（用以表示微量营养素充足性）。该国是第 16 大番茄生产国，番茄富含维生素 A、维生素 C 和抗氧化剂。国内番茄供应链尚未发展成熟，2015 年番茄损失估计在 40％～50％，主要发生在装箱和运输过程中。
>
> 在尼日利亚开展的产后营养损失联盟倡议致力于弥补供应链不足，并制定节粮减损有关社会经济和技术解决方案。该倡议侧重为各行动方搭建

联盟和平台（包括正式和非正式渠道），并采用"企业对企业引擎"模式。
该模式覆盖了354家企业，包括贸易商、种植商、聚合商、分销商，以及政
府代表、银行和当地高校。"企业对企业引擎"为15家尼日利亚企业接受国
际和国内行业专家一对一技术援助搭建了平台。目前，该倡议正由独立机
构西非冷链技术促进组织推动实施。

印度尼西亚：水产品是蛋白质、健康脂肪和ω-3脂肪酸、碘、维生素D
和钙等必需营养素的来源，ω-3脂肪酸对孕妇和幼儿特别有益。印度尼西
亚众多人口的膳食营养不足问题可通过增加水产品消费来缓解。目前，该
国6～23个月的儿童仅有一半满足了最低多样化饮食需求，5岁以下的儿童
有31％发育迟缓。

在印度尼西亚开展的产后营养损失联盟倡议致力于加强联盟和平台建
设，通过开展培训和能力建设、争取资金支持和政府参与，减少水产品全
产业链发生的食物损失。此外，还发起了一项企业创新挑战活动，鼓励当
地开展冷链等技术创新并保障食品安全和质量。该倡议与印度尼西亚海洋
渔业部地区渔业办公室开展合作。2020年，该倡议拥有305个企业成员和
28个非企业成员，以及250多个创新申请者。

得益于产后营养损失联盟倡议，印度尼西亚企业已经采用冷链技术，
尼日利亚已经采用可重复使用的塑料板条箱代替篮子用于番茄运输。

资料来源：《全球改善营养联盟工作文件第9号：建立联盟、推动创新、减少营养
食物产后损失——产后营养损失联盟工作经验》。详见：https：//www.gainhealth.org/
sites/default/files/publications/documents/gain-working-paper-series-9-creating-
alliances-and-fostering-innovations-to-reduce-post-harvest-loss-of-nutritious-
food.pdf。

1.5 可持续发展目标12.3及其指标

可持续发展目标12.3有助于实现关于可持续消费和生产的可持续发展目
标12。目标12.3旨在"到2030年将零售和消费环节的全球人均粮食浪费减
半，减少生产和供应环节的粮食损失，包括产后损失"。该目标的指标12.3.1
包括两个部分，即粮食损失和粮食浪费，分别使用两个次级指标（12.3.1.a
和12.3.1.b）来衡量，一个侧重于"减少生产和供应环节的粮食损失"（供给
侧），另一个用于衡量"将零售和消费环节的全球人均粮食浪费减半"（需
求侧）。

19

指标 12. 3. 1. a：粮食损失指数

该指标侧重于从生产到零售前阶段（不包括零售阶段）的粮食损失。它衡量的是某一国家 5 个重要食品组中至少 10 种商品（每个食品组至少两种商品）与基期相比的损失百分比变化情况，这些食品组包括谷物和豆类、水果和蔬菜、块根和块茎及油料作物、畜产品以及水产品。还可选择列入第六类，包括糖、香料或该国认为重要的任何作物。改进粮食损失和浪费的测量、监测和报告有助于跟踪可持续发展目标 12.3 的进展情况。作为指标 12.3.1.a 的监管机构，粮农组织为建立全球通用的方法论举行了多轮磋商，为各国收集数据、汇编和报告该指标提供了能力建设和技术援助，并与利益相关方进行了协商，了解并利用相关结果，在政策层面进行循证决策和宣传。

粮食损失指数衡量的是食物在供应链上从收获/捕捞/屠宰生产地到零售阶段发生的损失变化，旨在显示政策和投资对供应链效率的影响。粮农组织建议通过收集数据有针对性地制定提高食物供应链效率和功能的计划，并在教育、营养、经济和环境政策等其他政策优先事项的背景下解决粮食损失与浪费问题⑧。

自 2018 年以来，粮食损失指数已成为二级指标，这意味着其方法论已得到国际认可，并可供成员国使用。该指标面临的最大挑战并非计算指数本身，而在于确定供应链中的关键损失节点，获取数据计算供应链各阶段发生的损失百分比，并加总计算商品的国家粮食损失百分比。要做到这一点，各国需要得到具体指导，从成本效益角度出发在农场、运输、储存、生产和批发等阶段收集、估算和汇总损失，并整合数据来源，确定工作的优先级。粮农组织为此采取了一种双元应对策略，通过向成员国提供一种损失推算模型解决数据稀缺的问题，并可在国家层面根据界定的范围对模型进行调整。

该策略首先涉及一个完整的方法论和技术援助包，其中包括一套关于损失数据收集和估算的指导原则和培训材料，辅以能力建设和技术支持，以帮助实施这些指导原则。该策略同时提供了一个损失推算模型，用于在缺乏实测数据的情况下估算损失。这一推算模型最初是为了估算国际范围损失而开发的，模型利用了各国在食品平衡表中报告的少量损失估算数据，以及在专业文献中发现的各种因素。

指标 12. 3. 1. b：粮食浪费指数

指标 12.3.1.b 聚焦从零售到消费阶段的食物浪费。环境署是该指标的监管机构，粮农组织作为共同监管机构发挥辅助作用。指标 12.3.1.b 包含三个层级。第一层级是利用世界银行"垃圾何其多 2.0"城市固体废弃物数据（吨/年）以及其中的有机食品部分进行估算。鼓励各国在对城市固体废物进行定期废物成分分析时，将"食物废物"而非有机废物（食物加绿色废物）分开，并报告城市固体废物中的食物废物部分，作为跟踪可持续发展目标指标 12.3.1.b 进展情况的第一步。

对于第二级（食物浪费研究）和第三级（国家层面的测量），联合国环境规划署确定了一系列可以采用的方法。对于家庭层面，这些方法包括废物成分分析、直接测量、日记记录（适用于下水道排放和家庭堆肥情况）以及在特定条件下进行的质量平衡分析。对于零售层面，方法同样包括废物成分分析、直接测量、计数/扫描、在特定条件下进行的质量平衡分析，以及访谈和调查。联合国环境规划署在 2021 年发布了首次全球食物浪费估计数据。这些数据显示，"高收入国家、中等偏上收入国家和中等偏下收入国家的人均家庭食物浪费量相似，而对于低收入国家，由于数据不足，尚无法得出结论"。

指标 12.3.1.a（粮食损失指数）**与指标 12.3.1.b**（粮食浪费指数）**的范围**

如前所述，损失指数涵盖从农场到加工和包装阶段的损耗，浪费指数涵盖从零售到消费阶段的食品浪费（图 1-5）。因此，粮食损失和浪费指标应为政策提供信息，从而提高价值链的效率，改变不同行动方的行为，并鼓励更好地利用粮食产品、联产品和副产品。这两个指标旨在监测和报告粮食损失和浪费

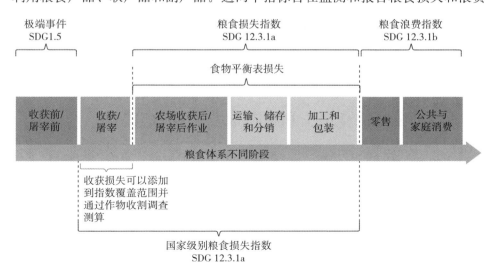

图 1-5 粮食损失指数在供应链上的范围

情况，同时承认将粮食损失和浪费减少到零是不可行的。

1.5.1　全球粮食损失指数

为监测可持续发展目标 12.3 的进展情况，粮农组织制定了全球粮食损失指数方法。全球粮食损失指数旨在使政策制定者能够以 2015 年为基准年，取 2014—2016 年的平均值，观察一段时间内粮食损失的积极和消极趋势。全球粮食损失指数是国家层面粮食损失指数的加权汇总。虽然综合指数对全球及国际监测和报告十分重要，但各国可能会从国家和次国家层面的分类粮食损失指数中获得最大价值，例如，按地理区域或农业生态区划分，价值链各点的粮食损失百分比，以及每个阶段分销经济部门的粮食损失情况。因此，决策者还可考虑如何通过粮农组织粮食损失关键节点分析案例研究方法生成的数据点来支持国家层面粮食损失指数数据收集工作（附录 2）。

1.5.2　国家粮食损失指数和粮食损失百分比计算

粮食损失指数采用传统的定基公式，比较一个国家（i）一篮子商品在当年（t）和基年（t_0）的损失百分比，以基期的产值加进口值（$q_{ijt_0} \times p_{jt_0}$）作为权重。该指数是基于国家农业生产和粮食体系中关键商品（j）的复合指标，涵盖了作物、畜禽和水产品等。该指数追踪损失占总供给的比例（l_{ijt}），以此排除生产波动性的影响。

$$FLI_{it} = \frac{\sum_j l_{ijt} \times (q_{ijt_0} \times p_{jt_0})}{\sum_j I_{ij_0} \times (q_{ijt_0} \times p_{jt_0})} \times 100$$

附录 1 中提供了粮食损失指数的详细编制步骤，通过所附链接可查阅粮农组织统计司更详尽的指导文件，通过图 1-6 可以了解一个国家的全国性粮食损失指数。

1.6　全球粮食损失和粮食浪费问题政策制定

2020 年 9 月 29 日是首个"国际粮食损失和浪费宣传日"，联合国秘书长安东尼奥·古特雷斯指出，世界粮食产量充足，但仍有数百万人身处粮食不安全困境，因此需要进一步采取措施，以预防和减少粮食的损失和浪费。根据《巴黎协定》的承诺，可将预防和减少粮食损失和浪费纳入政策行动和经济计划，同时应对突发的新冠疫情给粮食体系带来的挑战。

2020 年粮农组织亚太区域会议上提出的建议包括：粮农组织"支持成员国提高机械化、商业化、多样化和气候智能投资，减少产后损失，缓解劳动力

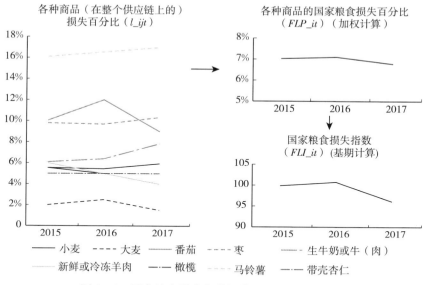

图1-6 国家粮食损失指数汇编、监测和报告示例

限制，这将通过粮食体系的创新、数字技术和转型得到加强"⑯。此外，大会建议粮农组织通过"手拉手"行动计划进一步支持各国实现各自优先目标，特别是应对新冠疫情及其相关影响⑱，这种影响也包括粮食损失和浪费。

新冠疫情引发了粮食供应和需求的剧烈震荡，使粮食的可获得性和可及性变得不可预测，不但影响了膳食质量⑲，也"严重影响了贫困人口和营养脆弱群体的生活"。疫情防控期间，发展中国家的小型农户遭遇了农场劳动力的急剧短缺，在作物收获和农场加工技术方面也存在缺口⑳。

这些情况导致供应链上所有参与者收入下降，同时消费者所需的安全、营养食品出现供应和获取困难。

新冠疫情暴露并加剧了地方、区域乃至全球粮食体系的脆弱性，这种脆弱性每年都会导致粮食的损失和浪费㉑。有些国家在支持消费者膳食安全的同时，开展了防止食物损失和浪费工作。例如，孟加拉国政府出资将临期的水果和蔬菜㉒购买后分发给消费者，而肯尼亚政府发布了避免加工过程中食物浪费的指导方针㉓。

2011年，粮农组织发布了首份全球粮食损失和浪费报告，该话题开始引发媒体的关注。自此，民间社会广泛参与，私营部门积极开展数据收集和（自愿性）协议工作。公共部门也开展一系列磋商，并对地方至国家层面数据可用性进行摸查，为政策和监管框架分析提供指导。

2012年，在巴西举办的"里约＋20峰会"上，联合国秘书长宣布发起全球"零饥饿挑战"。"亚太地区零饥饿挑战"已经在孟加拉国、不丹、柬埔寨、印度、老挝、缅甸、尼泊尔、东帝汶和越南开展，并进一步扩展至斐济、巴基斯坦和泰国。"零饥饿挑战"的五大支柱中，第五个支柱聚焦"粮食零损失或浪费"，最近被纳入了 2020 年粮农组织亚太区域会议的 14 项重点工作之一。

2015 年，联合国《2030 年可持续发展议程》将可持续发展目标 12.3 列为 17 个目标中的具体目标之一，所有联合国会员国都在为此努力。目标 12.3 所含两个指标（12.3.1.a 粮食损失指数和 12.3.1.b 粮食浪费指数）是国家层面监测和报告目标 12.3 进展的工具。与此同时，可通过全球粮食损失指数了解总体概况。

2018 年，在联合国"营养问题行动十年"（2015—2025 年）期间，粮农组织和世卫组织发布了《加强营养行动：基于第二届国际营养大会政策建议的国家资源指南》[74]，向国家和非国家行为方提出了 60 条建议。第 11 条建议是"改善储存、保鲜、运输和分销技术及基础设施，减少季节性粮食不安全状况，减少食物和营养素的损失和浪费"。

粮食损失和浪费对各国产生了严重的社会经济和环境影响。例如，导致饥饿人口享有的安全营养食物减少，或需处理大量的食物垃圾，而在空间和气候变化构成挑战的情况下，这些食物垃圾仍然被送往了城市垃圾填埋场。在次国家层面，许多城市之间一直在开展知识交流，加强工作协调。例如，《米兰城市粮食政策公约》于 2015 年 10 月启动，到 2020 年 11 月已有 2 010 个城市签署。该公约包括一个旨在"预防、减少和管理食物浪费"的工作流程[75]。

© shutterstock/Zoteva

2014 年，粮安委发表了关于《可持续粮食体系背景下的粮食损失和浪费》的政策简报（粮安委第四十一届会议，2014），该简报以高专组 2014 年同一主题的报告为基础[76]。粮安委同年还发布了关于粮食损失和浪费问题的其他两份文件，这两份文件与上述简报对于将粮食损失和浪费议题纳入《2030 年可持续发展议程》至关重要：

《农业和粮食体系负责任投资原则》：原则 1 旨在提升粮食安全和营养水平。该原则建议持续生产安全、营养丰富、品种多样且文化上可接受的食物，在提高产量的同时减少食物损失和浪费。

　　《可持续渔业和水产养殖促进粮食安全和营养》：首要的行动建议是充分认识水产品对于粮食安全和营养战略、政策和计划的重要性。此外，该报告呼吁各国支持并推广有关举措，最大程度减少捕捞丢弃、产后损失以及水产品价值链各阶段发生的浪费⑦⑧（插文1-9）。

> ### ⟶ 插文1-9：蓝色增长倡议、Fish4ACP和粮农组织电子学习课程：按性别分类的数据与水产品损失和浪费的相关性
>
> 　　据估计，2018年全球水产品产量约为1.79亿吨，其中8 200万吨来自水产养殖，很大一部分来自亚洲（34%；不包括中国），其余来自美洲（14%）、欧洲（10%）、非洲（7%）和大洋洲（1%）。过去20年间，非洲和亚洲的水产品总产量几乎翻了一番。
>
> 　　在非洲，妇女占参与渔业产后活动（如处理、加工、储存、包装和销售）总人数的58%。2008年，科特迪瓦国家渔业和水产养殖技术培训中心开发了粮农组织—第阿诺亚加工技术。该技术改善了工作条件、质量和安全，并通过缩短加工时间、减少暴露于高温和烟雾中的时间减轻了妇女的工作负担，同时显著减少了损失，并将熏鱼产品的储存期延长了5～6个月。
>
> 　　为解决水产品价值链效率低下的问题，粮农组织于2013年专门在沿海和岛屿发展中国家发起了"蓝色增长倡议"。由于缺乏相应的技能、技术和基础设施，这些国家容易蒙受产后损失，也会丧失一部分市场准入机会。"蓝色增长倡议"旨在让海洋或内陆水域的利益相关方参与投资和政策制定。
>
> 　　2020年6月，粮农组织向项目官员、技术专家、推广人员和研究人员推出了关于水产品价值链中食物损失和浪费的电子学习课程，对有关重要概念进行了定义。这些概念包括认识不同类型的食物损失和浪费、描述食物损失和浪费的原因、确定解决方案以及水产品损失三种不同评估方法的基本原则。
>
> 　　资料来源：《世界渔业和水产养殖状况》，2020。https：//elearning.fao.org/course/view.php? id=567。

　　此外，高专组2017年的报告《营养与粮食体系》强调了营养与粮食损失和浪费之间的联系，其首要建议是"尽可能在食物供应链各环节改善饮食和营养状况"。该报告呼吁相关国家、政府间组织、私营部门和民间社会组织"保护和提高食物供应链的营养价值，包括通过推广各种做法和技术，促进食品安

全，减少食品质量损失和浪费，特别关注黄曲霉毒素"。

2018 年 10 月，根据粮农组织农业委员会的建议，粮农组织牵头与有关行动方共同制定了《减少粮食损失和浪费自愿行为守则》（以下简称《行为守则》）。2020 年 10 月，《行为守则》提交给了农业委员会成员。2021 年 6 月，粮农组织大会批准了《行为守则》。后续行动包括由各国和地区制定良好做法守则和技术指南，这些守则和技术指南以《行为守则》提供的通用框架为基础，支持各成员应用《行为守则》和根据《行为守则》制定的辅助准则，监督《行为守则》的实施，并向农业委员会报告取得的进展[20]。

© shutterstock/Kevin Hellon

国家和非国家行为主体预防和减少粮食损失和浪费的能力还取决于有利的政策和监管框架，以及行为主体之间的相互信任。信任对于跨职能、多行动方和多学科合作与伙伴关系至关重要。全球层面的建议为今后的工作提供了总体指导和具体的干预实例。应对粮食损失和浪费问题，重点工作包括：

（1）提高粮食损失和浪费指数的数据质量和可用性；

（2）强化有助于人类营养以及预防和减少粮食损失与浪费行动的证据；

（3）使非国家行动方能够创新从地方到全球的粮食供应链和消费模式；

（4）对发展中国家的小型农户予以支持。粮食损失和浪费以及气候变化的破坏性影响会给小型农户造成收入和家庭粮食消费方面的损失。

从设定框架到实施行动，分析国家和地方政策与法律在粮食损失和浪费的预防、减少和产生中的作用很有必要。这应当包括全面的数据描绘，识别现有措施、数据所有权和透明度、措施的性质（是否强制性）以及资源分配的适当性。2015 年 5 月，鉴于粮农组织成员国存在需求，在二十国集团农业部长建议下，粮农组织及其合作伙伴建立了衡量和减少粮食损失和浪费技术平台，该平台设有一个减少粮食损失实践社群以及一个全球粮食损失和浪费数据库。

全球粮食损失和浪费数据库、衡量和减少粮食损失和浪费技术平台以及二十国集团

粮农组织一直致力于通过完善数据和知识分享支持国家和非国家利益相关方参与政策制定。例如，粮农组织于 2019 年建立了交互式全球粮食损失和浪费数据库。该数据库收集了来自学术界、国际组织和实地项目等各种来源的近 500 份出版物、报告和研究成果中的统计数据和信息。数据库的内容定期更新，允许用户按年份、国家、商品、价值链阶段和活动访问粮食损失和浪费信息的微观与宏观分析。"《2019 年粮食及农业状况》纳入了源自该数据库第一批数据集的损失估计模型。粮食损失估计模型由粮农组织统计司于 2016—2018 年开发，在缺乏实际数据的情况下作为可持续发展目标进程的基础。"⑧

2015 年，粮农组织及其合作伙伴根据当年二十国集团农业和水利部长会议的建议，建立了衡量和减少粮食损失和浪费技术平台。该技术平台发表了一份新闻简报，并建立了减少粮食损失实践社群，用以汇集主题相关信息。平台还通过举办论坛就如何防止和减少粮食损失与浪费展开讨论。另外，这一技术平台还管理着全球粮食损失和浪费数据库。

该技术平台的总体目标是"为二十国集团成员以及低收入和发展中国家分享衡量和减少粮食损失和浪费的信息和经验发挥重要作用"。该平台还支持全球、国家和地方政策的一致性，并重点关注"通过预防、回收和再分配❶向人们提供安全、营养的食物，避免丢弃食物"❷。

2020 年 9 月召开的二十国集团农业和水利部长会议上，各国进一步呼吁提高认识⑨。2020 年 11 月《二十国集团领导人利雅得峰会宣言》指出：

34. 农业：我们重申致力于应对粮食安全和营养方面的挑战，以及特别是在疫情影响下，提升粮食和农业供应链的效率、韧性和可持续性。为应对养活全球人口的挑战，农业和粮食体系的负责任投资需要大幅增加，因此我们核可

---

❶ 2015 年，粮农组织对供人类直接消费的安全营养食物回收和再分配提供了自愿性框架定义："供人类消费的安全营养食物的回收，是指有偿或无偿地接收原本会从粮食体系的种植业、畜牧业、林业和渔业供应链中被丢弃或浪费的（加工、半加工或未加工）食物。供人类消费的安全营养食物的再分配，是指根据适当的安全、质量和监管框架储存或加工所收到的食品，并直接或通过中间商，有偿或无偿地分配给有途径获得食物的人。"

❷ 该技术平台为《二十国集团粮食安全和营养框架实施计划》和《二十国集团粮食安全和可持续粮食体系行动计划》作出了贡献。详见：http：//www.g20.utoronto.ca/2015/G20 – Action – Plan – on – Food – Securityand – Sustainable – Food – Systems.pdf（2020 年 11 月 17 日）；粮食安全与营养框架；优先目标 3：以可持续的方式提高生产力，扩大粮食供应：要打造能够满足未来需求的可持续粮食体系，需要按照共同商定的方式，大力开展研究、开发、创新和技术转让，以可持续的方式提高产量，更有效地利用投入，减少粮食浪费和损失。

《二十国集团关于加强落实农业和粮食体系负责任投资的利雅得声明》。

我们认可通过自愿制定阶段性国别目标来争取实现到 2030 年将全球人均粮食损失和浪费减半的目标。

2015 年，二十国集团农业首席科学家会议发起了减少粮食损失和浪费倡议❶。该倡议从研究的角度支持减少粮食损失和浪费技术平台确立的目标，旨在全球范围内推动预防和减少粮食浪费。例如，从 2017 年到 2020 年，该倡议在德国、阿根廷、日本和沙特阿拉伯举办了 4 次研讨会②。

Delgado 等人③指出，二十国集团成员国可将可持续发展目标 12.3 的监测和报告方法纳入主流举措，根据具体情况对减少粮食损失和浪费的干预措施进行成本效益分析，并"通过国际食物政策研究所和粮农组织于 2015 年发起的衡量和减少粮食损失和浪费技术平台"促进"多边开发银行、区域银行和国际组织之间"的协调。

该技术平台得益于 2011—2020 年粮农组织"节约粮食：减少粮食损失和浪费全球倡议"中积累的经验，目前该倡议正为欧洲和中亚地区的成员国提供支持。

1.7 本书汲取的区域经验和教训

为预防和减少粮食的损失和浪费，世界各地都在加强政治磋商、政策制定以及国家和非国家层面的战略合作，并为此配置了大量资源。为帮助亚太地区制定针对性的区域战略，本书对其他地区（拉丁美洲及加勒比地区、非洲、近东及北非、欧洲及中亚）就粮食损失和浪费问题所实施的有关战略进行分析。

1.7.1 拉丁美洲及加勒比地区

粮农组织拉丁美洲及加勒比区域办事处❷估计，每年全球有 12% 的粮食在从收获到流通的过程中损失，造成经济损失约 1 500 亿美元，产生的温室气体排放量相当于全球碳足迹的 16%（粮农组织，2019）③。拉丁美洲及加勒比地

---

❶ 二十国集团农业首席科学家会议成员：阿根廷、澳大利亚、巴西、加拿大、中国、法国、德国、印度、印度尼西亚、意大利、日本、大韩民国、墨西哥、俄罗斯、沙特阿拉伯、南非、土耳其、英国、美国、欧盟；二十国集团农业首席科学家会议嘉宾：西班牙、国际应用生物科学中心、地中海高级农艺研究国际中心、粮农组织、全球农业研究论坛、全球农业与营养开放数据、国际干旱地区农业研究中心、国际食物政策研究所、经济合作与发展组织、国际小麦行动计划。

❷ 安提瓜和巴布达、阿根廷、巴哈马、巴巴多斯、伯利兹、多民族玻利维亚国、巴西、智利、哥伦比亚、哥斯达黎加、古巴、多米尼克、多米尼加共和国、厄瓜多尔、萨尔瓦多、格林纳达、危地马拉、圭亚那、海地、洪都拉斯、牙买加、墨西哥、尼加拉瓜、巴拿马、巴拉圭、秘鲁、圣卢西亚、圣基茨和尼维斯、圣文森特和格林纳丁斯、苏里南、特立尼达和多巴哥、乌拉圭、委内瑞拉（玻利瓦尔共和国）。

区超重和肥胖人数增加，营养不足人数从 2014 年的 3 800 万人增加到 2018 年的 4 250 万人。1.87 亿人受到粮食不安全的影响⑤。

2020 年，粮农组织拉美及加勒比区域会议题为《推动粮食体系转型，人人享有健康膳食》的文件（LARC/20/2）⑧指出，粮农组织向该地区成员国提供循环经济路径方面的技术援助，以加强粮食生产、加工、储存、分销和营销措施，减少粮食损失和浪费。

2020 年，拉美及加勒比区域会议文件《可持续和气候韧性农业》（LARC/20/4）将减少温室气体排放作为农业的优先事项。该文件呼吁"通过对供应链各阶段（如产品储存条件）开展数字监测、实施逆向物流、降低运输成本并确定人口的膳食习惯，从而减少粮食损失"。该文件是《手拉手建设繁荣和包容的农村社会》（LARC/20/3）和《创新与数字农业》（LARC/20/9）的配套文件，前者侧重于加强国家和非国家伙伴关系，以实现零饥饿目标，后者则强调通过创新实现拉美及加勒比地区农村转型，减少整个供应链中的粮食损失和浪费。最后，对于拟议的 2021 国际果蔬年，鼓励拉美及加勒比国家建立一个行动网络，对果蔬储藏和包装加大投资，从而最大限度地减少损失和浪费。

拉美及加勒比国家共同体根据《拉美及加勒比国家共同体 2025 年粮食和营养安全及消除饥饿计划》⑰，将减少粮食损失和浪费确定为优先事项。该计划包括十大行动路线，并制定了国家、次区域和区域政策、计划、战略和项目。该计划有 4 大支柱，力求从各个方面加强粮食安全，其中支柱 1 是通过国家和区域公共政策协调粮食安全战略，直接应对粮食损失和浪费问题。

各国应加强粮食安全的法律和体制框架，促进贸易，避免粮食损失和浪费，并鼓励采购计划。以下是有关粮食损失和浪费问题的行动路线：

- 开展宣传和交流活动，提高食物链所有行动方及消费者对避免粮食损失和浪费最佳做法的认识，增强食品保质期和储存说明的清晰度；在农业和畜牧业生产初期恰当采用最佳做法，在食品加工过程中严格遵守生产和卫生规范，同时采取任何其他有助于防止或扭转粮食损失和浪费的做法或行动。

- 制定农产品（尤其是供个人消费或用于出售的小规模农产品）产后储藏流程和策略，同时加强相关培训；充分考虑产品的不同使用形式和非传统消费方式。

- 推动旨在加强家庭农产品质量安全的政策和计划。

- 改善基础设施，特别是交通、能源和市场设施，并采取行动提高上述领域对节粮减损的认识。

- 促进新设备、新技术和创新的开发和推广，以减少食物链各个环节的粮食损失。

- 将粮食安全和营养问题以及如何避免粮食损失纳入各级学校教育，其中与食物直接有关人员要尤其引起重视。
- 鼓励在上述项目中开展南南合作。

在《拉美及加勒比国家共同体 2025 年粮食和营养安全及消除饥饿计划》实施过程中，各国致力于制定政策和加强监管。2014 年，哥斯达黎加通过了第 9274/2014 号法律，对《银行系统发展法》进行了改革，并优先考虑减少粮食损失和浪费的举措。秘鲁第 055 - 2017 - EF 号最高法令通过了第 30498 号法律条例，规定了促进食品捐赠的监管规范，并为自然灾害期间的食品捐赠运输提供便利。该条例要求接收实体保存捐赠食品登记簿，其中必须包含以下信息：①捐赠食品的接收日期；②捐赠食品的描述性信息，包括计量单位、单位数量、食品名称和品牌（如适用）、重量或体积、储存状态、价值以及刻在或附在容器或包装上的标签上的有效期（如适用）；③捐赠食品的受益人或慈善机构和社会援助机构的名单。

阿根廷通过第 9 - E/2017 号决议，建立了减少粮食损失和浪费的国家网络。该网络整合了所有遵守《减少粮食损失和浪费国家计划》的公共部门机构、私营部门实体和民间社会组织。该网络旨在：①协助协调农业食品价值链相关行动方之间的行动，提升农业食品系统效率；②传播地方、省、国家、区域和国际范围有关减少粮食损失和浪费的政策、计划和项目信息；③创造对话和交流建议的空间；④编制年度工作计划，其中包括优先行动；⑤协助对项目进行分析和评估。

© shutterstock/Gill_figueroa

1.7.2　非洲

非洲联盟于 2014 年发布了《关于加快农业增长和转型以实现共同繁荣和改善生计的马拉博宣言》，并于 2018 年发布了《产后损失管理战略》。《马拉博宣言》提出了雄心勃勃的承诺 3：b，即到 2025 年将产后损失减半。当前的粮食损失和浪费数据波动幅度很大。例如，在撒哈拉以南非洲，水果和蔬菜的农场损失率从 0 到 50％不等，而谷物和豆类的农场损失率在撒哈拉以南非洲以及东亚和东南亚最高⑱。

根据 2011 年《缺失的粮食：撒哈拉以南非洲粮食产后损失案例》⑲，在撒哈拉以南非洲，估计每年粮食产后损失价值高达 40 亿美元（插文 1－10）。2018 年非洲联盟《产后损失管理战略》围绕四大支柱展开：

（1）政策意识和机制能力；

（2）知识管理、数据、技能和人力开发；

（3）技术、市场和基础设施；

（4）资金与投资。

每个支柱都有其子目标，并提出了具体的干预领域，包括促进农业企业和农产品加工业人力节约型和性别敏感型技术的共享，以及改善市场及其基础设施。

> **插文 1－10：粮农组织、非洲联盟和洛克菲勒基金会：**
> **支持非洲联盟制定减少产后损失的国家**
> **规划政策和战略项目（2016—2018 年）**

2016—2018 年，粮农组织、非洲联盟和洛克菲勒基金会实施了支持非洲联盟制定减少产后损失的国家规划政策和战略项目。该项目的直接受益者是非盟委员会和肯尼亚、坦桑尼亚、赞比亚和津巴布韦 4 国。

非盟委员会的活动包括：绘制粮食损失活动图；制定国家投资指南，利用监测和评价框架跟踪实现 2025 年产后损失目标的进展情况，以及制定非洲大陆战略。非盟委员会还向非盟及其成员国提供技术支持。

国家层面的活动包括：成立国家产后技术工作组；开展损失评估研究；制定国家产后战略和指标；对利益相关方进行粮食损失评估培训；将粮食损失评估纳入高等教育；编制政策简报，以及举办国家级研讨会以验证项目成果和结论。

项目结论包括：①提高对评估方法和工具的认识至关重要，因为在非盟 2018 年 1 月开展的双年度审查期间，49 个成员国中只有 9％，即 5 个国家（马拉维、毛里塔尼亚、卢旺达、多哥和乌干达）成功报告了粮食损失情况；②注意到非洲大陆私营部门的参与程度较低，应制定强有力的商业策略，将产后管理方面的现有挑战转化为商机。

资料来源：http://www.fao.org/fileadmin/user_upload/food-loss-reduction/AU-FAO_Regional_workshop_report.pdf.

1.7.3　近东及北非

据估计，近东及北非地区每年人均粮食损失和浪费量约为 250 千克，这相当于用约 42 立方千米的水资源和 3.6 亿公顷的土地种植和分销粮食，而这些粮食却在食物供应链和家庭消费中被浪费掉了。在近东及北非地区，发生在食物供应链的生产、处理、加工和分销阶段的损失约有 68%，主要原因是收获技术不佳，缺乏冷藏和合理运输方式，处理方法不当，高温和阳光下暴露，营销系统效率低下以及政策和监管框架薄弱。该地区在消费阶段的粮食浪费水平约为 34%。

©shutterstock/Wirestock Creators

2013 年，粮农组织成员批准了粮农组织编制的《近东及北非减少粮食损失和浪费区域战略框架》。该框架从 4 个方面介绍了 2014—2024 年近东及北非地区减少粮食损失和浪费的做法：

（1）收集数据、分析研究和生成知识

①确定数据和信息差；

②与国内外研发机构合作。

（2）在供应链的各个层面提高认识并推广良好做法

①开展面向公众的宣传活动；

②开发和推广重要实用程序和技术；

③投资于能力建设。

（3）制定政策法规，加强合作与联系

①为节粮减损营造有利的政策环境；

②确保食物供应链上的所有主体与其他利益相关方（包括相关政府机构）之间的合作与协调；

③建立区域和国际网络；

④建立节粮减损管理工作协调机制。

（4）促进投资和具体项目融资

①吸引投资，改善商品供应链；

②投资适当的农业技术和家用设备；

③对粮食损失和浪费的利用和再利用进行投资；

④为见效快的项目进行融资。

非洲大陆和近东地区国家正在推进战略，开展关键损失节点分析和投资。El Bilali 和 Ben Hassen[⑩] 指出，海湾阿拉伯国家合作委员会成员（巴林、科威特、阿曼、卡塔尔、沙特阿拉伯和阿拉伯联合酋长国）应解决数据匮乏问题，考虑如何加强预防食物的浪费，做好食物的重新分配，而这些似乎没有引起足够的重视。Baig 等人[⑪] 建议，沙特阿拉伯应考虑开展以预防粮食浪费为重点的宣传活动。阿曼卫生部营养司的《国家营养战略：2014—2050 年战略研究》指出，食物浪费正在影响海合会各成员国。在阿曼，普通家庭浪费的食物约占家庭准备食物总量的 1/3（插文 1-11）。

> ### ➡ 插文 1-11：坦桑尼亚：2019—2029 年国家产后管理战略
>
> 在坦桑尼亚，产后系统的薄弱环节每年都会造成大量的粮食损失。据估计，谷物和易腐作物的损失率在 30%～40%。这些损失对粮食的供应和可及性造成了严重的影响。坦桑尼亚《2019—2029 年国家产后管理战略》重点关注谷物、豆类、水果和蔬菜、块根和块茎以及食用油料作物，但不包括经济作物、牲畜和畜产品。该战略涵盖了价值链上从收获到消费阶段的产后损失和相关行动方，并与 2013 年《国家农业政策》《马拉博宣言》和可持续发展目标 12.3 保持一致。
>
> 通过与利益相关方磋商，确定了造成粮食损失和浪费的原因、解决方案和优先干预措施，这些原因包括收获和加工机械化和管理决策、运输、储存、分级、消费者态度以及金融市场可获得性等方面的缺陷。气候变化对收获和干燥等关键损失节点具有一定的放大效应。
>
> 在该战略工作的推动下成立了坦桑尼亚产后管理平台，其指导委员会的成员来自总理办公室、农牧渔业部、谷物及其他产品委员会、苏科因农业大学、达累斯萨拉姆大学、坦桑尼亚农民毕业生协会，以及 INNODEV、RUDI、Frabho Enterprises、Bajuta Int（T）Ltd 和 SNV 等私营部门成员。
>
> 国家和非国家行动方有 9 个共同战略目标：
> - 促进对产后管理的认识，以提高效率并减少价值链上的粮食损失；
> - 促进经验证的节粮减损技术和流程的可用性、可及性、经济性和适用性；
> - 完善农业营销体系，改善市场准入，尽量减少产后损失；
> - 推动节粮减损适用新技术和方法的研发和创新；
> - 审查、制定新的法规，确保遵守标准并采用最大限度减少产后损失的做法；
> - 加强产后管理行动方的机构能力、协调、伙伴关系和利益相关方的参与，加强战略干预措施的实施；

- 调整产后管理系统，减缓气候变化影响；
- 解决应对产后损失融资不足的问题；
- 制定收集数据和估算产后损失的标准方法。

资料来源：https：//www. kilimo. go. tz/uploads/dasip/ENGLISH _ STRATEGY. pdf。

在海合会成员国中，不符合质量标准导致"不完美"的食物被丢弃、"最迟售出"日期的规定，以及消费者的观念，食物可能会遭到浪费。目前已有相关的解决方案，实施情况表明可以进一步扩大应用范围（插文1-12）。

插文 1-12：毛里求斯、马达加斯加、科特迪瓦和摩洛哥的"明智饮食"组织：通过商业创新并向粮食不安全儿童和成年人提供支持，防止粮食浪费

"明智饮食"组织于2018年在毛里求斯成立，并拓展至马达加斯加、科特迪瓦和摩洛哥。迄今为止，该组织通过酒店、超市、餐厅、批发商、餐饮业者和活动机构等145个合作伙伴，减少了320.49吨食物浪费。回收的安全食品重新分发给128家慈善机构和学校，为有需要的儿童和成年人提供援助。

作为私营部门捐赠者和受赠协会之间的中介，"明智饮食"在与食物捐赠相关的法律、后勤和行政事务方面发挥作用。可持续食品解决方案（www. sfs - global. org）为其模型开发开展合作。

资料来源：https：//foodwise. mg/qui - sommes - nous/。

2020年粮农组织非洲区域会议强调，各国可以在"2021国际果蔬年"期间分享如何在增加果蔬生产和消费的同时减少粮食损失和浪费[32]。

1.7.4 欧洲及中亚

欧洲各国的地理、社会经济和人口结构各不相同，气候逐渐从亚热带过渡到极地特征。《2019年粮食和农业状况》[33]指出，北美和欧洲的果蔬零售浪费比例中位数最低，为3.75%，损失超过10%。然而，欧洲却面临着

© shutterstock/Nesschal Sapkota

营养不良问题，人们的健康、学习能力和生产力都受到了影响。

2020 年粮农组织欧洲及中亚区域会议就关于促进农业食品贸易和市场一体化的区域倡议作出汇报。该倡议与可持续发展目标 12.3 宗旨一致。会议强调，粮农组织"节约粮食：减少粮食损失和浪费全球倡议"提供了技术支持，包括在格鲁吉亚和乌克兰开展立法和食物捐赠计划，在北马其顿和乌克兰开展关键损失节点研究，在土耳其面向消费者宣传推广，以及在阿尔巴尼亚向学校儿童开展教育计划。此外还建立了减少粮食损失和浪费区域实践社群，鼓励信息和资源共享，促进合作和伙伴关系。

在欧盟，粮食损失和浪费的预防、减少和管理受到三大政策影响❶：可持续发展目标 12.3、欧盟生物经济目标㉔以及欧盟循环经济计划㉕,❷，上述工作由欧盟委员会、欧洲地区委员会❸、欧洲议会㉖㉗㉘㉙㉚㉛㉜㉝ 以及欧洲经济和社会委员会负责实施❹。

欧盟第 2018/8519 号指令与可持续发展目标 12.3 保持一致，并设定了欧盟范围内减少食物浪费的指示性目标。这项指令要求欧盟成员国采取具体措施，为捐赠未售出但仍可食用的食物制定激励措施，提高消费者对"此日期前食用"和"此日期前最佳"日期的认识，并衡量和报告减少食物浪费的进展情况。"欧盟委员会授权决定（EU）2019/159712 和欧盟委员会实施决定（EU）2019/200013 对如何履行上述指令规定的报告食物浪费的义务做出了详细说明㉞。"

欧盟委员会制定了一套欧盟方法，用以衡量和监测从生产到消费阶段的食物浪费，并通过多利益相关方参与的欧盟粮食损失和浪费平台❺报告可持续发展目标 12.3 的实施情况。该平台成立于 2016 年，成员包括国家和非国家主体。欧盟的最新数据显示，每年有 8 800 万吨食物被浪费，价值 1 430 亿欧元，其中家庭浪费占 50％以上，加工浪费占 19％，食品服务浪费占 12％，初级生产浪费占 11％，批发和零售浪费占 5％㉟。在丹麦，"停止浪费食物"和"反馈"等民间社会组织通过宣传活动增强人们的意识，并开展回收和再分配等活动㊱。

---

❶ 包括《共同农业政策》和《共同渔业政策》。

❷ 欧洲审计院（2016 年）发布了《打击食品浪费：欧盟提高食品供应链资源效率的机遇》报告，认为鉴于成果仍然薄弱，需要采取更多切实行动。

❸ 欧洲地区委员会。2017 年。《实现可持续的欧盟食品政策，为欧洲各地区和城市创造就业和增长》意见书从欧盟各地选出了 7 种最佳做法，涵盖从食物捐赠到垃圾分类收集的宣传活动。

❹ 欧洲经济和社会委员会于 2013 年发布了《关于防止和减少食物浪费的意见》，并于 2014 年发布了《食物捐赠：消除食物短缺和解决食物浪费问题》报告。

❺ 欧盟粮食损失和浪费平台除全体会议外，还以分组形式运作，审查与食物浪费有关的具体方面和问题。迄今已成立了 4 个分组：食物捐赠、食物浪费测量、实施行动（和路线图）以及日期标识和食物浪费。https：//ec. europa. eu/food/safety/food _ waste/eu _ actions/eu - platform _ en。

食物供应链各行动方带头努力减少粮食损失和浪费，并取得了可观的投资回报。参与这些活动的一些大公司包括 Tesco⑰、COOP、Delhaize和Sodexo。

2020 年，欧洲理事会发布了粮食损失和浪费报告，对理事会 2016 年 6 月 28 日通过的决定，即欧盟委员会及其主席声明执行进展进行了评估。报告称，所有成员国"均采取了各种立法和非立法的全国性措施减少粮食损失和浪费"。该地区部分国家已将该议题纳入国家规划，有的专门针对食物浪费，有的涉及食物浪费相关领域。这些国家采取基于市场的预防、减少和管理手段，例如降低捐赠食物的增值税税率，修订促进食物捐赠的立法，以及向分发捐赠食物的食物银行和非营利组织提供支持。许多国家的私营部门和民间社会组织之间已经开始实施自愿协议。鉴于数据的可用性和质量方面存在很大差异，各国正在开展数据收集工作。最后，这些国家还发起了旨在增强节粮减损意识的倡议⑱。

© shutterstock/Attasit saentep

欧洲各国已开始实施节粮减损战略。以捷克和意大利为例，2018 年初，捷克通过了《食品法》修正案，要求所有店面面积超过 400 平方米的食品零售商与相关慈善组织签订合同，将未售出的食品捐赠给慈善机构，从而促进减少食物浪费。意大利通过了关于捐赠和分配食品和药品的第 166 号法律，旨在促进社会团结和防止食物浪费。该法律规定通过简化和统一程序，重新制定了食品捐赠监管框架。

根据该法，粮食回收和为最贫困人口重新分配粮食是预防和减少粮食损失和浪费的优先事项。该法明确了"食用日期"和"最佳食用日期"之间的区别，并澄清即使食品已超过"最佳食用日期"也可以捐赠。该法还提供了其他有用的工具，如捐赠没收食品、提供"餐后打包"服务，以及地方政府为进一步鼓励企业捐赠剩余食品而采用垃圾税减免系数。

为尽量减少损失，联合国欧洲经济委员会制定了处理新鲜农产品的良好做法守则⑱。

2020 年 11 月，在粮农组织的推动下，中亚区域、阿塞拜疆和土耳其成立了防止粮食损失和浪费战略委员会⑩。该委员会是一个政府间机构，将为目标国家（阿塞拜疆、哈萨克斯坦、吉尔吉斯斯坦、塔吉克斯坦、土耳其、土库曼斯坦和乌兹别克斯坦）制定防止粮食损失和浪费战略提供指导。这些战略将建立在对关键损失节点进行分级、对食物供应链解决方案进行成本效益分析以及政策和立法分析的基础上（插文 1 - 13）。

➡ 插文 1 - 13：土耳其：预防和减少粮食损失和浪费国家战略和行动计划

2013 年，土耳其发起了预防面包浪费行动，当时估计每年有 21 亿条面包，或每天有 600 万条面包白白浪费，造成经济损失近 8 亿美元。该行动在提高社会认识和确保资源有效利用方面成效显著。据估计，该行动使 3.84 亿条面包免遭浪费，挽回经济损失 14 亿美元。土耳其为减少面包浪费采取了多种措施，例如为面包供应链行动方提供培训，在若干媒体频道上投放宣传信息，以及公布使用不新鲜面包的菜谱。

2019 年 12 月，粮农组织在粮农组织—土耳其粮食和农业伙伴关系计划第二阶段框架内，开始实施一项关于减少中亚粮食损失和浪费的技术援助项目。该项目旨在协助受援国（阿塞拜疆、哈萨克斯坦、吉尔吉斯斯坦、塔吉克斯坦、土耳其、土库曼斯坦和乌兹别克斯坦）制定减少粮食损失和浪费的国家战略和行动计划。目前该项目正在实施一系列关键的战略行动，为从农民到消费者的广泛利益相关方提供技术支持。有关方面正在设计包括媒体宣传在内的各种面向消费者的宣传活动，以增强人们的意识，帮助其了解粮食损失和浪费的原因和影响，进而推动人们的行为变化。

2020 年 5 月，粮农组织与土耳其农业和林业部联合发起了一项名为"爱惜粮食"的全国媒体宣传活动，以提高公众对粮食损失和浪费负面影响的认识，并激励供应链采取行动。该活动还发布了《土耳其预防和减少粮食损失和浪费国家战略和行动计划》。该战略由粮农组织与土耳其农业和林业部共同制定，并考虑了来自私营部门、非政府组织和学术界的 100 多名利益相关方的意见和建议。

该战略行动计划包含 95 项具体措施，包括法律、政策、技术、教育和宣传措施。为实施该战略，土耳其市政联盟举行了一系列会议。市政联盟的支持和指导对实现计划目标至关重要。安卡拉市和伊斯坦布尔市承诺，通过实施计划中的相关行动以及宣传预防和减少粮食浪费的行动信息和工具以支持国家战略。

资料来源：《粮农组织—土耳其粮食和农业伙伴计划（FTPP Ⅱ）：中亚、阿塞拜疆和土耳其减少粮食损失和浪费》，GCP/SEC/015/TUR，http：//www. fao. org/3/cb1132en/CB1132EN. pdf。

1.7.5 区域经验和教训分析

各地区根据自身情况，有针对性地采取预防和减少粮食损失和浪费的措施，并利用更加完善的数据制定了解决粮食损失和浪费问题的区域战略。目前世界所有地区都在应对粮食损失和浪费问题，这印证了研究文献中的结论，即粮食损失和粮食浪费是一项全球性挑战，对发达国家和发展中国家都有影响。然而，在某些情况下，由于粮食损失会减少粮食供应，严重影响粮食安全，因此粮食损失问题被给予优先考虑。《关于加快农业增长和转型以实现共同繁荣和改善生计的马拉博宣言》就证明了这一点。经评估的所有地区均通过国家和非国家平台以及多学科工作组解决粮食损失和浪费问题。

各地区发现：

- 粮食损失和浪费数据存在质量和数量上的不足。因此，各地区已经制定方法并配置资源，开展食物供应链分析、国家统计审查及其他信息收集工作。
- 各地区建立了国家和非国家对话平台。这些平台提供了有关粮食损失和浪费数量及其解决方案的信息，有助于加强对粮食损失和浪费的社会经济和环境影响的认识，以及协调有关方面向消费者传达信息等。儿童作为社区和学校变革的推动者，也被纳入了利益相关方名单。
- 尽管程度有所不同，各地区均认识到小农正面临着一些挑战。这些挑战包括采用适当的农业和兽医做法、获取资金和进入市场，以及确保在合同协议中的谈判能力。
- 正在开展有关粮食损失和浪费测量、报告和监测方面的培训。有必要扩大培训规模，同时进行政策和立法审查与制定相关法律。
- 在各地区，粮食损失和浪费挑战与食品接触材料（如包装）和基础设施（特别是运输、能源和市场设施）均有关联。
- 社会技术创新（例如人工智能）已经开始为食品生产、零售和服务行业提供解决方案，以进一步测量并削减粮食损失和浪费。解决方案可重点针对私营部门业务或与消费者相关的活动。

国家层面行动方、地区机构与地方当局共同参与预防和减少粮食损失和浪费。

包括市政府在内的地方当局开始创建关于良好做法的知识产品，参与点对点能力开发，并生成粮食损失和浪费指数的有关数据。2020 年 10—11 月，《米兰城市粮食政策公约》签署城市❶举办了区域网络研讨会，重点关注欧洲、亚太、拉丁美洲和地中海地区城市应对新冠疫情的实际案例。在亚太地区，首尔市在首尔城市粮食政策会议框架下，举办了以"新冠疫情时代的可持续粮食"为主题的第二届米兰城市粮食政策公约区域网络研讨会⑩。

在亚太地区，考虑到许多经济体发展水平各不相同，同时存在粮食损失和浪费问题，因此还需制定因地制宜的战略。例如，粮农组织可通过与东南亚国家联盟（东盟）或亚太经合组织等区域组织合作，为开发平台提供支持，使各国通过采用多部门方法实现变革。在亚太地区，粮食损失和浪费问题已经引起区域和国家层面的关注，部分国家（如泰国和澳大利亚）为实现可持续发展目标 12.3 划拨了资金。

有效发挥私营部门的作用有助于直接减少粮食损失和浪费。与此同时，国际组织、金融机构和民间社会已经开始就一些宣传活动和技术监测工具的关注度进行探讨。同时，亦针对食物供应链采取了干预措施，以识别关键损失节点和关键浪费节点，为粮食损失指数和粮食浪费指数汇编作出贡献。以下是相关国际组织和金融机构在本书编写过程中的工作实例。

1.8　国际金融机构、私营部门和民间社会在预防和减少粮食损失和浪费方面的工作概述

1.8.1　国际金融机构

2011 年，粮农组织发布的报告引发了全球关于粮食损失和浪费的讨论，各界对粮食损失和浪费的认识也发生了根本性转变。在 2014 年世界粮食安全委员会就粮食损失和浪费提出政策建议之前，相关干预措施支持资金和实地项目大多用于减少发展中国家某些供应链发生的产后损失。上述工作主要涉及新技术在粮食供应链中的应用⑫。然而，自 2015 年以来，旨在减少粮食损失和浪费的综合性可持续粮食体系方法开始受到发展中国家和发达国家从业者的关注。粮食损失和浪费的数据质量及其影响在研究和政策领域中的关注度和讨论

---

❶　2019 年，粮农组织、《米兰城市粮食政策公约》秘书处与可持续城市农业和粮食体系发布了《米兰城市粮食政策公约监测框架》，其中包含关于粮食损失和浪费问题的 4 个指标：（41）每年粮食损失和浪费总量；（42）每年开展的旨在减少粮食损失和浪费的活动和行动次数；（43）制定粮食浪费预防、回收和再分发方面的政策或法规；（44）每年对供人类直接消费的剩余食物进行回收和再分发的总量。

空间都有所增加⑬。国际金融机构几十年来从未间断对预防和减少粮食损失和浪费的支持⑭⑮。

为提高人们对减少粮食损失和浪费重要性的认识，2019 年世界银行首次发行可持续发展债券⑯,❶，Folksam 集团为此投资了 3 亿美元⑰。

"当前的粮食及其他资源的消费水平是不可持续的。我们亟须关注如何为不断增长的人口提供粮食，同时又不会对地球造成进一步损害。通过与 Folksam 集团在该债券项目上的合作，我们希望引起投资者对这一全球挑战的关注，并强调投资者可以通过开展自身业务为应对挑战作出贡献。"

——世界银行副行长兼司库华敬东（2019 年 3 月 20 日，华盛顿特区）

"到 2030 年将全球人均粮食浪费减半，并减少整个供应链中的粮食损失——实现该目标对于管理稀缺资源、提高营养水平以及应对气候变化至关重要。"

——世界银行副行长（主管可持续发展工作）劳拉·塔克（2019 年 3 月 20 日，华盛顿特区）

世界银行还与粮农组织开展合作⑱，并提供庞大的贷款和赠款产品组合⑲。在危地马拉、尼日利亚、卢旺达和越南，世界银行为部分粮食供应链上的粮食损失测量提供资金支持⑳。此外，世界银行为中等收入国家提供支持，包括对基础设施、市场准入、物流和废弃物管理等方面进行投资，解决从农场到餐桌的粮食损失问题。例如，国际复兴开发银行出资改善墨西哥的粮食储存状况㉑，减少玉米、小麦和豆类的产后损失，同时提高中小型粮食生产者的竞争力和市场准入。"㉒

亚洲开发银行《农业和自然资源业务计划：2015—2020 年促进亚太地区可持续粮食安全》指出需进一步重视粮食安全和农业生产力。该计划是在《2010—2014 年亚太地区可持续粮食安全业务计划》基础上制定的，重点关注农业和自然资源业务的 4 个优先领域：

- 提高生产力，减少产前和产后损失；
- 改善市场连通性和价值链联结；
- 提高食品安全、质量和营养；
- 增强自然资源管理和气候韧性。

在产后减损方面，非洲开发银行（非行）是第一个也是目前估计最大的国际金融机构投资者。非行的规划和目标与《减少产后损失战略计划》㉓一脉相承，该计划于 2010—2015 年期间总计投资约 16.92 亿美元，主要涵盖 4 个领

---

❶ 据世界资源研究所称，自 2019 年 3 月首次发行以来，世界银行的可持续发展债券已筹集了超过 10 亿美元的投资。

域：政策制定和机构建设、农村基础设施、产后减损技术以及价值增值和市场开发。该计划旨在通过扩大对农村基础设施投资，提高供应链效率并加强产后和加工技术，从而减少食品数量损失，增加食品供应量并提高食品质量。

农发基金的产后投资组合尤为重要。2013—2016 年，农发基金批准支付了至少 4.33 亿美元，用于改善产后基础设施、设备和能力，这些对于帮助贫困农民和企业家最大限度减少粮食损失至关重要。上述金额相当于该基金同期批准的付款总额的 12%，即每年约 1 亿美元。该专项投资覆盖下列领域：3.71 亿美元用于改善产后基础设施，包括道路、收集中心、储存仓库以及加工和包装设施；3 500 万美元用于作物收获、产后处理、干燥、冷却、储存、加工和运输设备升级；2 700 万美元用于对农民、农民团体和价值链运营商开展操作和维护等方面的产后技术培训。

同时，解决粮食损失问题需要从多维度采取干预措施，决策者可采用系统转型方法强化政策转向，以最大限度减少粮食损失。可通过可持续发展目标粮食损失指数对粮食损失和浪费的监测和报告为上述路径提供支持，亦可通过对构成多样化膳食的不同食物组（作物、畜禽和水产品）进行监测，从而对路径获得整体性了解。例如，水产品（包括野生和养殖水产品）的损失和浪费直接关系到可持续发展目标 12.3 和可持续发展目标 14 的实现。以国家为例，印度尼西亚是世界第三大水产品生产国，年产量约 600 万吨。技术严重匮乏，该国沿海社区的小规模渔民难以在渔获物运抵市场前对其适当保存，导致食用前损失率高达 35%。2012—2017 年，农发基金和印度尼西亚海洋事务和渔业部共同出资支持沿海社区发展项目[⑭]，开展了一系列节粮减损活动，包括创业能力开发、提高食品质量以及获取技术和开拓市场。

据估计，亚太地区是农发基金产后领域投资的最大受援地区。2013—2016 年，农发基金为亚太地区的产后基础设施、设备和能力建设拨款约 1.78 亿美元，占同期对该地区拨款总额的 14%。从上述领域获批的贷款和赠款来看，亚太地区平均每个项目的专项资金也是最高的，2013—2016 每个项目平均获批专项资金 457 万美元。

2019 年，在欧洲复兴开发银行《农业企业战略（2019—2023）》和"绿色经济转型方法"框架下，通过与粮农组织合作，为土耳其和希腊制定了国家指导方针，提出了能够最大限度减少粮食损失和浪费的政策和营商做法[⑮]。

1.8.2 私营部门倡议

粮农组织 2019 年研究表明，在促进私营部门投资以最大限度减少粮食损失和浪费方面存在重大挑战，而且较低的投资水平对供应链上各行动方可能产生的影响也存在不确定性。然而，私营部门是供应链中生产、转化和流通环节与粮食消费之间的纽带。私营部门既有可能造成粮食损失和浪费，也可能最大限度减少粮食损失和浪费，这是因为粮食损失和浪费直接影响其自身商业模式的可持续性，同时私营部门也是消费者预防或减少粮食浪费的推手。

世界粮食安全委员会高专组⑬将食物环境定义为"消费者与粮食体系接触，做出食物获取、制备和消费决策的物质、经济、政治和社会文化背景"。该定义包含预防或减少粮食浪费的决策和行为。私营部门可以在生

ⓒ shutterstock/The Road Provides

成粮食浪费有关数据、实施节粮减损解决方案以及促成消费者行为改变等方面发挥积极作用。私营部门可以通过各种方法来实现这一目标，包括一些信息技术解决方案，如促进粮食捐赠或以折扣价购买粮食的应用程序（插文 1 - 14）。

◇ 插文 1 - 14：Tesco 门店开始在全球范围内减少食物浪费

战略：2013 年，英国 Tesco 成为首家公布经独立审计的食物浪费数据的连锁超市。Tesco 的年度报告推动了这一议程，2020 年该集团从优化企业运营、供应商参与以及为顾客和社区提供支持三个方面最大限度地减少食物浪费。Tesco 的首席执行官现为"冠军12.3"组织的主席。

建立伙伴关系，防止食物浪费：2020 年，Tesco 的 2 700 家分店与应用程序"Olio"及其 8 000 多名当地志愿者合作，收集临期剩余食品，并将其捐赠给需要的人。食品再分配慈善机构"食物分享计划"与 Tesco、Sainsbury、Asda、Co - op 和 Aldi 等企业展开了合作。2017—2018 年，Tesco 捐赠了 7 975 吨的可食用食品。

培训社区厨师，改善营养状况：著名厨师杰米·奥利弗与 Tesco 合作，培训了 1 000 多名社区厨师用捐赠的食品制作膳食，并通过他们向英国大约 5 000 个当地社区中心提供服务。

Tesco 马来西亚：2016 年 10 月，Tesco 马来西亚开始与食品援助基金会和克切拉香积厨合作，捐赠未售出但可食用的水果、蔬菜和烘焙产品。马来西亚所有 59 家 Tesco 门店均向慈善机构和社区团体提供剩余食品。

马来西亚发起了防止食物浪费的宣传活动，随后在社区一级开展了试点项目，这反映了该国在节约粮食方面营造了良好环境。马来西亚的一些社区实施了"明智饮食，节约粮食"计划（2019—2020年），在7个月内将家庭食物浪费减少了43%。

2019年，Tesco成为马来西亚首家公布食物浪费数据的零售商。Tesco马来西亚首席执行官保罗·里奇表示，"作为一家零售商，我们知道供需完全匹配是一项极具挑战性的工作，会导致食品剩余，无法全部售出。因此，透明和量化对于确定食物浪费重点区域和解决相应问题至关重要，因为量化会使管理更加有效"。

2018—2019年，Tesco马来西亚共售出414 834吨食品，另有7 048吨未售出的剩余食品，相当于销量的1.7%，其中610吨通过食物银行合作伙伴重新分配给慈善机构、社区团体、学校和有需要的家庭。

资料来源：https：//resource. co/article/tesco - ranked - top - supermarket - food - waste - prevention；https：//www. tesco. com. my/Our - Little - Helps/Projects/Tesco - Malaysia - Food - Waste - Data - 2018 - 19/2019/ProjectDetails/。

2016年，洛克菲勒基金会在肯尼亚、尼日利亚、坦桑尼亚和美国发起了一项价值1.2亿美元的"明智生产"计划，旨在减少果蔬和主粮损失。该计划聚焦修复供应链中断，帮助农民获取技术和解决方案，投资于融资模式和技术创新以推动经济共同增长，并在全球范围内推动企业计算在供应链生产环节之外发生的损失和浪费。结果显示，2016—2020年共有4亿吨过剩粮食得以回收并分配给美国家庭，30万名农民获得培训和技术，减少粮食损失达20%～30%，在增加农民收入的同时提升了粮食安全水平。特别是坦桑尼亚、肯尼亚和尼日利亚，将粮食减损技术引入到了玉米、芒果和番茄等3种作物价值链中[17]。

2020年，荷兰合作银行与粮农组织签署了一项新合作协议。根据协议，首先对印度和肯尼亚的奶业进行评估，以减少粮食损失，向可持续粮食体系转型[18]。"Foodbytes！Pitch"是荷兰合作银行旗下一项初创企业挖掘计划，2020年度该计划获奖企业之一AgryCycle在东非、西非和拉丁美洲与大约35 000名农民开展了合作[19]。该企业获奖作品是一项小规模太阳能技术，可用于干燥热带水果，且小农户易于获取。2018年，荷兰合作银行基金会主办并赞助了面向亚洲的"粮食损失和浪费挑战赛"，激励创新型初创企业寻得解决方案。粮农组织亚太区域办事处在制定评选标准和评分方面为基金会提供了支持。前五名初创企业按字母顺序排列如下（并注明类别）：

• CropIn技术解决方案（精准农业）：该企业利用直观、智能、自我发展

43

的系统，为整个农业领域提供面向未来的解决方案。解决方案包括跨地域的实时报告、分析、解释和洞察，可对每个农场和整个生态系统进行数字化和数据管理（www. cropin. com）。

- Eachmile 技术公司（农民服务、渔业）：利用移动技术为渔民和农民提供改善生计所需的数据，并将原来零散的供应链环节衔接起来（www. eachmile. co）。
- Ecozen 解决方案（太阳能）：提供基于可再生能源的产品，可对价值链上的易腐食品更好地储存和运输。Ecozen 是此次挑战赛的优胜者（www. ecozensolutions. com）。
- Elixia 技术解决方案（供应链）：通过将准确的实时数据转化为可操作的商业智能，为各行业的运输、物流和供应链管理提供全面的定制解决方案（http：//speed. elixiatech. com）。
- Pula 咨询公司（农民服务部）：为小农户开发提供金融与农艺方面的一揽子服务，其服务范围包括农业投入品、保险和精准农艺咨询（www. pula - advisors. com）。

谷歌致力于通过加强数据共享防止食物浪费，应对美国面临的粮食不安全问题。谷歌利用连锁零售商 Kroger 公司的数据，基于收缩数据分析对由于食品瑕疵、变质和其他因素造成的门店库存损失进行测算。通过分析，识别临期的安全营养食品，并与食品银行"美国消灭饥饿组织"进行联系，通过该组织将接收的临期食品分发给粮食不安全人群（图 1 - 7）。

在亚太地区，私营部门之间已经开展合作致力于减少粮食浪费。阳光动力基金会每年都会颁发奖项，表彰该地区最大限度减少食物浪费的创新举措。2019 年，Winnow Vision® 荣获该奖项。Winnow Vision 是一种人工智能工具，能够跟踪餐饮服务中的食物浪费情况，目前已应用于 40 多个国家。据称，该技术能够在应用 90 天后降低 2%～8% 的粮食成本[18]。2020 年，总部位于曼谷的 LightBlue 环境咨询公司获得该奖项，该公司与 FIT Food Waste Monitoring Tech 公司合作，开发了一种灵活的解决方案，可在多个地点跟踪商业厨房的食物浪费和相关成本[19]。

1.8.3 民间社会倡议

民间社会已发起诸多节粮减损倡议。其中，食物银行与粮食生产者、加工商、分销商、零售商店和消费者合作回收食物，并与社区组织合作将食物重新分配给有需要的人。私营部门与学校供餐计划、食品储藏室、施食处、救济处、课后计划和其他非营利性计划等受援者开展合作与协调，使食物回收和再分配成为可能。

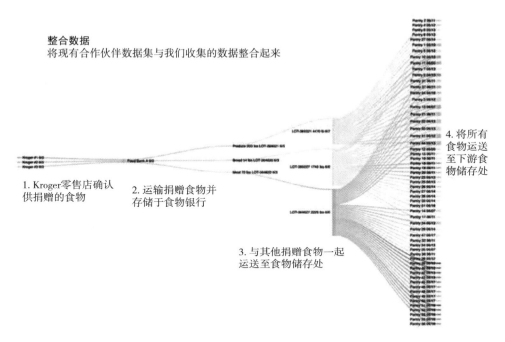

整合数据
将现有合作伙伴数据集与我们收集的数据整合起来

1. Kroger零售店确认
供捐赠的食物

2. 运输捐赠食物并
存储于食物银行

3. 与其他捐赠食物一起
运送至食物储存处

4. 将所有
食物运送
至下游食
物储存处

图 1-7　全球与各地区不同度量的粮食损失百分比（以 2016 年为基期）

资料来源：谷歌云。https：//cloud. google. com/blog/products/data - analytics/reducing - food -
waste - and - insecurity - with - clouddata - analytics。

食物银行还在世界范围内参与制定政策和立法。回收并重新分配供人类
消费的安全营养食品是从源头上防止食物浪费的关键办法之一。这涉及"仁
慈的撒玛利亚人"或责任保护法有关法律和政策、对食品捐赠的税收激励措
施和税收政策的抑制措施、食品日期标签法、食品安全法规以及食品浪费管
理[13]（插文 1-15）。

> ➡ **插文 1-15：食品银行及其合作伙伴影响概述**
>
> 全球食品银行网络（GFN）
>
> 2019 年，全球食品银行网络的各个机构向 34 个国家的 900 多万人提供
> 了食品，高于 2018 年的 780 万人和 2017 年的 710 万人。2019 年，共有 943
> 家食品银行通过与全球 55 681 家社会服务机构合作参与上述工作，2018 年
> 和 2017 年参与其中的食品银行数量分别为 811 家和 794 家。2019 年交付的
> 食品和杂货总量为 5.03 亿千克，高于 2018 年的 4.72 亿千克和 2017 年的
> 4.27 亿千克。

2019—2021 年，哈佛大学食品法律与政策诊所和全球食品银行网络合作编制了《全球食品捐赠政策图集》。该项目主要对 15 个国家在食品捐赠方面的国家政策和立法进行分析，以确定该领域面临的最常见的法律障碍。同时，该项目还分享了有关最佳做法。上述 15 个国家分别是阿根廷、加拿大、智利、哥伦比亚、哥斯达黎加、多米尼加、法国、危地马拉、印度、墨西哥、秘鲁、新加坡、南非、英国和美国。

欧洲食品银行联合会（FEBA）

2019 年，非政府组织欧洲食品银行联合会有 24 个正式成员和 5 个准成员，共有 430 家食品银行和分支机构。该联合会对 76.8 万吨食品进行了重新分配，使其中 70% 食品免遭浪费。该项工作顺利开展得益于 32 280 名合作者的共同努力，其中有 84% 是志愿者。2019—2020 年，食品需求量增加了 30%。

欧洲食品银行联合会是欧盟粮食损失和浪费平台的成员，为两份食品捐赠指南的制定作出了贡献：欧盟委员会于 2017 年发布了《欧盟食品捐赠指南》，欧盟委员会和欧盟植物、动物、食品和饲料常设委员会于 2016 年发布了《每餐都重要》食品捐赠指南（欧洲食品饮料协会、欧洲食品银行联合会、欧洲商业协会）。

资料来源：https：//www.foodbanking.org/2020annualreport/；https：//www.eurofoodbank.org/en/annual‐report。

食品银行的业务遍布全球。"绿色食品银行"是中国的第一家食品银行，于 2015 年由慈善组织在上海成立⑬。绿色食品银行通过开展各种活动和项目，寻找食物捐赠者并将其与社区需求相匹配⑮。目前，绿色食品银行是中国唯一一家获得全球食品银行网络认证的食品银行⑯。

亚太地区采用多种模式，回收安全营养食物并将其重新分发给有需要的人群。

2016 年，在全球食品和农业论坛号召下，粮农组织以"加强政府、社会资本和民间社会合作，重新分配面临损失或浪费的食物，促进城市粮食安全和营养"为题召开研讨会。参会人员包括 Vivek Agrawal（来自印度非政府组织 Annakshetra）、Craig Nemitz（来自总部位于美国的全球食品银行网络）、Uwe Wrieden（德国维岑多夫市市长）、Sabine Werth（德国慈善机构柏林 Tafel 创始人和主席）以及 Warren T K Lee（粮农组织高级营养官员）。

研讨会审议了粮食损失和浪费对营养影响的评估方法、食物回收和再分配对城市和城区粮食安全和营养的潜在贡献，以及确保食物安全和营养可供人类消费的方法⑰（插文 1‐16）。

➡ 插文 1－16：食品银行及其合作伙伴影响概述

Roti 食品银行是由孟买 Roti 基金会于 2017 年发起的非政府组织。

Roti 食品银行与餐饮从业者、婚礼策划者和其他食品服务机构合作对剩余食品再利用，将其提供给饥饿人群。在分发食物之前，会对食物进行 3～4 个小时的卫生状况检查。

新冠疫情大大增加了被封锁人群对食品的需求。2020 年 3 月，Roti 食品银行每日分发 1 000 份食物，到 2020 年 6 月，每日分发食物量达到 37 000 份。Roti 食品银行也在那格浦尔、哥印拜陀和海得拉巴开展食物分发工作。

资料来源：https://rotibankfoundation.org。

2016 年，第八届全球食品与农业论坛暨柏林农业部长峰会公报《如何养活城市——城市化时代的农业和农村地区》指出：

"作为出席 2016 年全球食品与农业论坛的各国农业部长，我们认为有责任努力为……高效可靠的供应链和价值链创建政治、经济和社会框架：我们愿意……积极支持 2015 年二十国集团农业部长与粮农组织联合启动的衡量和减少粮食损失和浪费技术平台。"[18]

在 2020 年 9 月沙特阿拉伯主办的线上举行的农业和水利部长会议上，二十国集团成员呼吁提高对粮食损失和浪费的认识，并在实践中不断探索和创新。

1.8.4 公共部门、私营部门和民间社会的社会与技术创新

2016 年，一个由公共部门、私营部门和国际组织组成的联盟发布了《粮食损失和浪费的会计准则与报告准则》，用于追踪生产场所、零售业、制造业、酒店业/餐饮业和家庭的粮食损失和浪费情况。

该标准既重点反映食物在数量上的损失和浪费程度，而不体现质量上的损失和浪费水平[19]，也没有提供从供应链到地方和国家层面的数据汇总和扩展机制。该标准由消费品论坛牵头，与世界资源研究所、环境署、粮农组织、世界可持续发展工商理事会、欧盟委员会以及废弃物与资源行动计划等机构共同制定。

私营部门利用《粮食损失和浪费议定书》和《粮食损失和浪费的会计准则与报告准则》开展案例研究，以期生成有关数据。2017 年，世界资源研究所指出，人们对可供选择的工具缺乏认识，而这些工具可用于监测粮食浪费情况并进行成本效益分析，进而推动采取行动。此后，世界资源研究所建立了一个覆盖 17 个国家近 1 200 个商业场所的数据池，其中包括食品制造、零售、酒店和食品服务行业的 700 多家公司。在减少粮食浪费方面，每投入 1 美元，就

有一半的受调查企业实现了 14 美元或更高回报。在两年内，80％的企业成本效益比超过了 1：1。回报率最高的企业大多是餐馆，酒店、食品服务公司和食品零售商的成本效益比往往在 5：1 到 10：1 之间，成本则包括购买智能秤或类似的测重技术以及员工培训[14]。

2015—2017 年，粮农组织和国际食物浪费联盟[16]建立创新型伙伴关系，代表食品服务行业，共同制定了一项预防并减少校内粮食浪费指南。该指南题为《做好事：节约粮食》，已公开发行，受众为 5～14 岁 4 个不同年龄段的在校学生。该教育指导文件适用于不同的国家和教育体制。粮农组织亚太区域办事处可推动该指导文件本地化并与国家和非国家行动方展开协商，探索实施机会。该指南既适用于正规或非正规教育环境，也适用于农村和城市。

自 2015—2017 年，"学校食堂组织优化学习"项目在意大利、法国、比利时、英国的 18 所学校和食堂测试了粮农组织和国际食物浪费联盟减少粮食浪费教育指南的效力，覆盖了 5 000 名儿童。此外，该项目还指导 13 个试点食堂如何最大限度地减少粮食浪费。截至试点结束时，试点食堂共节约 2.8 吨粮食，相当于减少了 15％的粮食浪费[16]。

"冠军 12.3"是一个由政府、企业、国际组织、研究所和民间社会代表组成的联盟，致力于运用私营部门工具及粮食损失和浪费问题可见度，激励并动员人们采取行动、取得进展，实现可持续发展目标 12.3（插文 1‑17）。

宣传画
做好事！节约粮食！共同抵制粮食浪费：9 个小贴士

➡ 插文 1-17:"冠军 12.3"联盟:减少餐馆粮食损失和浪费的策略

(1)措施。将粮食浪费进行量化有助于确定浪费数量和发生地点,优先解决热点问题,并随时监测进展情况。若要进行详细分析,则需要数字化工具来衡量粮食浪费情况。现有的人工度量系统可告知用户粮食浪费发生地的基本情况,成本通常较低。然而,人工度量系统往往低估了浪费情况,因此可能无法抓住一切减少浪费的机会。厨师们表示,在许多情况下,使用智能秤精准计量粮食浪费能加强对厨房的管控和对食品订单模式的认识。

(2)人员参与。人员参与是决定粮食浪费减量计划成功与否的关键。厨师和服务人员通常想参与防止粮食浪费,但还需获取更多信息并得到更多指导。可采取每日员工例会、聊天、正式培训,甚至同行学习等形式提供指导。

(3)减少生产过剩。衡量粮食浪费情况有助于许多餐厅在满足顾客需求的同时,适时安全缩减生产规模,也有助于厨房主管和厨师完善其烹饪计划表。只需持续跟踪生产和浪费情况,便可确定浪费热点问题。许多餐馆发现,生产过剩是大部分粮食浪费问题的主因。

(4)重新考虑库存管理和采购做法。若想防止粮食浪费,餐厅需严格审查当前的库存管理和采购行为。如果一家餐厅正在评估其浪费和生产计划,加强员工参与,努力减少生产过剩,尤其是在浪费热点问题上,就应该考虑对存货和采购做法进行深入调整,以进一步简化标准操作程序,减少浪费产生。

(5)剩余粮食再利用。预测消费者需求可能无法精准实现,餐厅后厨往往有剩余餐厨原料,存在粮食浪费风险。在这种情况下,制定备选方案,以安全方式重新利用餐厨原料有助于后厨将可能产生的浪费转化为盈利来源。

资料来源:https://champions12.3.org/the-business-case-for-reducing-food-loss-and-waste-restaurants/。

1.8.5 预防和减少粮食损失和浪费的参与情况分析

本节介绍的干预措施范围和类别,有助于了解国家和非国家行动方在粮食损失和浪费方面的不同参与情况。从区域战略和特定国家案例的角度看,人们十分愿意通过下列方式参与减少粮食损失和浪费:知识转让、倡议和投资协调,以及根据可持续发展目标 12.3 改进统计测量方法等。同时,优先重点的不同决定了各方解决粮食损失和浪费问题的出发点不同。

科研界和学术界可加强宣传其在亚太地区实现可持续发展目标 12.3 方面所发挥的作用。过去 10 年来，关于粮食损失和浪费的全球文献越来越多。然而，当前研究重点应重新放在生成更好数据与将数据转化为人类营养、气候、经济成本之间的联系上，通过预防和减少粮食损失和浪费可最大限度地降低这些成本[18]。为此，鉴于数据流可为实时决策提供依据，学术界、私营部门和公共部门之间开展合作至关重要。

粮农组织面向 5～14 岁以上学龄儿童设计的"做好事：节约粮食！"教育工具包可根据亚太地区国家和教育体系进行调整，并翻译成各国语言。可推动与国家和非国家行动方、各国农业和教育部门开展工具包应用机会的相关磋商。

粮农组织亚太区域办事处可与各国政府合作，制定本区域粮食损失和浪费战略方法，通过加强国家和区域统计能力，确定并分析粮食损失和浪费关键节点，提升数据质量。粮农组织也可与各国政府一道，将数据知识转化为可利用的政策制定支持，促进多方协商。多方协商包括与东盟、南亚区域合作联盟（南盟）和亚太经合组织合作，提高政府、学术界和私营部门对粮食减损问题的认识。

亚太地区主体基于各自解决城乡重点问题的不同水平和程度的经验，交流经验和良好做法，创造了区域间和区域内互学互鉴的良好平台。亚太地区的各类主体可成为推动实现可持续发展目标 12.3 所需的政治和战略变革的积极伙伴。

© shutterstock/kuruneko

第 2 章　亚太地区为何推行减少粮食损失和浪费战略

© shutterstock/Alex Hubenov

2.1　亚太地区战略和行动的必要性

联合国亚洲及太平洋经济社会委员会（亚太经社会）发布了《2020年亚洲及太平洋可持续发展目标进展报告》。该报告提醒人们注意本地区在实现可持续发展目标12.3的数据、成就等方面的差距。该目标呼吁："到2030年，将全球零售和消费环节的人均粮食浪费减半，减少生产和供应环节的粮食损失，包括产后损失。"报告指出："尽管本地区在优质教育（目标4）等一些目标上取得了重大进展，但如果不付出额外努力，很可能到2030年，17个目标中一个目标都无法实现。特别是本地区目前需要扭转正在倒退的负责任消费和生产（目标12）以及气候行动趋势（目标13）[①]。"

2018年召开的粮农组织第三十一届亚太区域会议彰显了本地区成员国对粮食损失和浪费问题的重视。2020年粮农组织大会强调："完善粮食损失和浪费数据采集是监测可持续发展目标进展的重点。"⑮会上，各国政府建议粮农组织"支持成员国通过创新、数字技术和粮食体系转型，推进机械化、商业化、多样化和气候智能型农业投资，减少产后损失和劳动力制约因素"⑯。

用粮食损失指数对全球进行首轮估测显示，2016 年生产的全部粮食中有 13.8% 在农场到批发过程中遭受损失。从区域估计来看，澳大利亚和新西兰的粮食损失率约为 5%～6%，中亚和南亚约为 20%～21%⑰。

从提出假设到利用粮食损失和浪费监测和报告数据开展工作至关重要，有助于推动成本效益分析和影响评估。截至目前，政策制定论坛和文献在某种限度上明确了粮食损失和浪费与其对温室气体排放、养分损失、技术需求、食品安全和质量挑战的预计影响之间的联系。运用计量经济学一般均衡或部分均衡模型估计减少粮食损失和浪费的影响存在高度不确定性，且不包括成本假设⑱，原因在于缺乏关于粮食损失和浪费的数量、类型以及用于预防和减少粮食损失和浪费成本效益分析的粮食供应链数据。事实证明，粮食供应链运行成本效益分析方法对于预防和减少粮食损失和浪费更为有效⑲。

缺乏有代表性的粮食损失和浪费数据是亚太地区完善政策和扩大投资的限制因素之一。为缩小上述差距，粮农组织向各国提供粮食损失指数技术支持，并与环境署一道提供粮食浪费指数技术支持。

粮农组织亚太区域办事处可促进国家和非国家行动方之间展开对话，讨论如何通过更好地了解粮食损失和浪费与粮食（不）安全、气候变化等问题之间的动态联系，将数据点连接起来，推动转变现状。该方法可加强协调一致的多方支持和投资，减少粮食损失和浪费。

提高公众对粮食损失和浪费对环境影响的认知是行动的关键驱动力。正如粮农组织 2019 年强调，"减少温室气体排放目标是全球减少粮食损失和浪费的唯一理由；所有减少粮食损失和浪费的行动都可为减排作出贡献，但对供应链下游环节的干预可能产生的影响最为深远。"

©shutterstock/Daecheol

粮农组织可为零售商、餐饮服务业和消费者提供预防和减少粮食浪费的指导和支持。

具体而言，亚洲是全球最大的蔬菜生产和消费地区，产量和销量占全球的一半以上。亚洲工业化国家以及南亚和东南亚的果蔬损失和浪费产生的碳足迹很高，主要原因在于生产、产后处理、储存和消费过程中产生了大量损失和浪费。此外，在所有谷物中，大米的损失和浪费率最高：亚洲工业化国家为 53%，南亚和东南亚为 72%⑬。

鉴于大米种植的温室气体排放强度较高，在亚洲工业化国家以及南亚和东南亚地区，大米损失和浪费产生的约 70% 的温室气体排放发生在生产阶段。另一个例子⑭说明了粮食损失和浪费⑮与基线相比的预估变化情况，以及随之产生的减排措施和缓解潜力对温室气体排放的影响。例如，孟加拉国乳制品损失预计减少 2%～10%，二氧化碳排放量减少 11 770 吨。干预措施还包括"提供信息、食谱和培训，运用性别敏感型方法增加家庭对鲜食和加工/保鲜乳制品的使用"。

最后，全球大多数小农居住于亚太地区。粮食损失是一种重大的经常性收入损失，限制了消费者获得营养的机会。

2.1.1　减少粮食损失和浪费的政策、战略和行动

为发布和支持《联合国粮食及农业组织关于亚洲及太平洋地区减少粮食损失和浪费的区域战略》，绘制了区域粮食损失和浪费的知识图谱，包括对中国、泰国、尼泊尔等深入开展国别案例研究，记录并研究其政策、战略和行动。

旨在提高粮食供应链效率、支持粮食安全和营养、应对气候变化的行动可纳入粮食损失和浪费的预防和减量政策，这些政策将转而加强对行动的指导作用。应考虑其他合适的浪费管理框架和概念，包括粮食合理利用避免损失浪费倒金字塔、"3R"原则（减量、回收、再利用）、扩大生产者责任、污染者付费原则、生命周期评估以及可持续消费和生产。粮安委高专组 2014 年建议，将"粮食合理利用避免损失浪费"倒金字塔作为预防和减少粮食损失和浪费的总体方针。该方针将预防损失与浪费作为优先重点，其次是将食物回收并重新分配给有需要的人，然后是将其用于生物活性化合物和饲料、生物材料提取、能源或其他相关用途，最后才选择抛弃处理（图 2-1）。

2.1.2　区域主要参与方积极减少粮食损失和浪费情况概览

2.1.2.1　亚太经合组织

亚太经济合作组织 21 个成员经济体约占全球人口的 39%，全球 GDP 的 54%，谷物产量的 53%，以及水产品产量的 70%⑯。

本地区国家制定了减少粮食损失和浪费的各类目标和计划（表 2-1）。上述目标及相关国家级规划证实，各国政府高度重视减少粮食损失和浪费问题，一些国家已扩大投资规模。投资体量最大的是那些消费者对粮食浪费负面影响担忧程度较高且日益严重的经济体。因此，本地区针对预防和减少粮食损失和浪费加强国家间磋商、区域内合作以及分享相关知识、经验和良好做法十分必要且前景广阔。

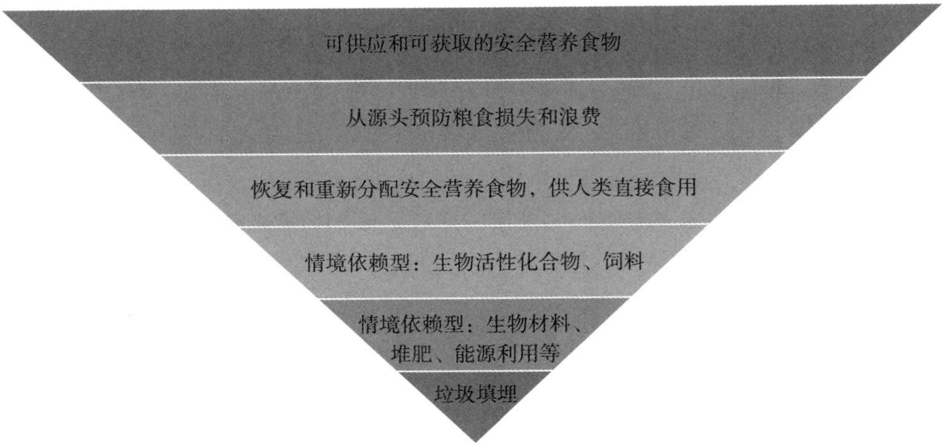

图 2-1　旨在最大限度减少粮食损失和浪费的"粮食合理利用避免浪费"倒金字塔
资料来源：改编自粮安委高专组，2014。

表 2-1　亚太地区减少粮食损失和浪费目标及计划

序号	经济体	减少粮食损失和浪费目标	减少粮食损失和浪费计划
1	澳大利亚	在 2030 年之前将粮食浪费减半，该目标与可持续发展目标 12.3 高度契合	2017 年 11 月 20 日，澳大利亚政府在全国粮食浪费峰会上发布了一项防止粮食浪费战略，投资 3 300 万澳元成立澳大利亚抗击粮食浪费合作研究中心。该投资项目合作存续期 10 年，吸引了越来越多的参与者。其共同目标是减少供应链各环节的粮食浪费，将不可避免的浪费转化为创新型高价值副产品，并与行业和消费者一道推动行为转变
2	中国	在 2022 年之前将进入垃圾填埋场的粮食浪费量至少降低 40%	中国《粮食行业"十三五"发展规划纲要》第九章标题为"促进粮食节约减损"。该《纲要》于 2016 年 10 月生效
3	中国香港	在 2022 年之前将进入垃圾填埋场的粮食浪费量至少降低 40%	香港特别行政区环境局发布《香港厨余及园林废物计划（2014—2022)》
4	日本	日本政府 2015 年设定的回收利用率目标为：制造商 95%、零售商 70%、餐馆 50%	2001 年，日本农林水产省和环境省联合发布了《食品回收法》
5	马来西亚	在 2030 年之前实现粮食浪费量减半	减少粮食损失和浪费政策是《2016—2025 年马来西亚国家营养行动计划》的重要组成部分，也是第十一个马来西亚计划（2016—2020 年）的营养研究重点

（续）

序号	经济体	减少粮食损失和浪费目标	减少粮食损失和浪费计划
6	菲律宾	大米和玉米目标：在2017年之后5年，将产后损失降低2% 渔业目标：在2020年之前将渔业产后损失降低10%	出台参议院第357号法案，即《粮食零浪费法案》，旨在消除粮食浪费 "负责任"计划是一项全国范围的宣传教育活动，旨在减少对大米这一主食的浪费并改善健康状况，从而加强大米消费管理 农业农村部将建立各种作物的战略性产后设施作为"十项议程"的重要内容
7	新加坡	2030年之前综合回收利用率达到70%	通过的《粮食浪费管理办法》，首先坚持源头防治，其次推动未出售或过剩食物的再分配，最后是回收利用和处理 自2024年起，综合废弃物管理设施每天收集和消化400吨固液分离的餐厨垃圾 政府制定了一项政策，为企业、农民合作社、农民提供资金激励，助其投资农业设施，降低产后损失
8	越南	越南政府2020年设定产后减损目标：将大米、玉米和水产养殖的产后损失分别从11%~13%、13%~15%和20%降至5%~6%、8%~9%和10% 越南农业与农村发展部2014年5月13日发布的1003/QD-BNN-CB号决议表示：2020年前，将农林渔业产品平均附加值提高20%，将农渔业产后损失降低50%	政府已出台几项政策，旨在推动私营部门加强技术创新投资，提高深加工产品所占比例，确保实现食品安全，维持竞争性价格，并满足市场需求 同时鼓励加大高新技术投资，促进农业废弃物回收利用和高附加值产品生产

资料来源：《亚太经合组织减少粮食损失和浪费可行方案的调查报告》，亚太经合组织农业技术合作工作组、亚太经合组织粮食安全政策伙伴关系机制，2018。

亚太经合组织❶成员经济体的公共和私营部门之间发展伙伴关系至关重要，有助于制定政策建议和解决方案，减少粮食损失和浪费，提高食品质量和安全性，保障本区域粮食安全。应考虑诸多粮食安全挑战，包括：人口和收入

---

❶ 亚太经合组织制定粮食损失评估草案。

增长、城市化、膳食转变、自然资源制约和气候变化。

2.1.2.2 东盟

东南亚产后损失居高不下。粮农组织预计东南亚大米损失率在 10%～27%，果蔬损失超过 20%，温暖潮湿的气候加剧了产后损失[⑬]。《东盟一体化倡议第三期工作计划（2016—2020）》（以下简称《工作计划》）[⑭] 旨在解决当前产后技术应用不足和农民培训存在差距等问题。2018 年，《工作计划》评估了柬埔寨、老挝和缅甸芒果以及越南火龙果的损失和技术对策[⑮]。

一些亚太成员经济体正直接或间接制定减少粮食损失和浪费政策。例如，粮食浪费管理的一个首要挑战是将粮食浪费与其他固体垃圾分开收集。日本、帕劳等国已着手解决上述问题。然而，许多国家仍需加大努力，提出预防粮食浪费的具体目标。粮农组织可向本区域城市地区提供针对性的技术支持。

亚太地区一些成员经济体正采取各项措施解决粮食损失和浪费问题，包括政策激励措施、供应链干预措施和消费者宣传教育活动。

2.2 减少粮食损失和浪费国别政策

2.2.1 中国

作为世界上最大的发展中国家，中国高度重视 2030 年可持续发展议程。《中国落实 2030 年可持续发展议程国别方案》旨在分析落实可持续发展议程所面临的挑战和机遇，为落实 17 项可持续发展目标和 169 个目标提供具体方案。

为实现可持续发展目标 12.3，中国正利用政策引导、技术创新和消费模式转变，重点减少从零售到消费环节的人均粮食浪费以及生产、加工、运输、供应过程中的粮食损失。

在中国，制定粮食浪费减量和处理政策的有关工作涉及多个政府部门和机构，包括国家发展改革委、农业农村部等。例如，住房城乡建设部负责监管餐厨垃圾的收集和运输，生态环境部负责监督餐厨垃圾的处理。国务院下设的高级别委员会也可参与其中，以确保各部门加强密切协调并改善政策连贯性。参与制定和执行国家减少粮食损失和浪费政策的其他政府机构包括：国家粮食局、全国人民代表大会、中国共产党中央委员会政治局、商务部、工业和信息化部等[⑯]。

在中国粮食浪费管理体系中，通常由地方政府和相关部门负责具体执行。中国已制定几项政策和法律，推动粮食浪费减量化和综合回收利用。拟成立两个国家政策与法规小组：最小化粮食损失和浪费小组、粮食浪费处理小组（表 2-2）。

表 2 - 2　中国减少和处理粮食浪费的规定、政策和计划

减少粮食浪费的 规定、政策和计划	主要内容	发布日期	发布机构
《国家粮食安全中长期规划纲要（2008—2020 年）》	加强粮食仓储、加工、零售体系建设的主要目标和对策	2008 年 11 月 13 日	国务院
《全国新增 1 000 亿斤 * 粮食生产能力规划（2009—2020 年）》	减少农业损失（到 2020 年将粮食生产病虫害损失率降低 1％～2％）和产后损失的对策和目标	2009 年 11 月 3 日	国家发展和改革委员会
《粮油仓储管理办法》	规范粮油仓储活动的具体措施和报告规定	2009 年 12 月 29 日	国家发展和改革委员会
《全国生猪屠宰行业发展规划纲要（2010—2015 年）》	提高屠宰、加工、零售效率和屠宰业市场集中度的主要目标	2009 年 12 月 31 日	商务部
《国务院办公厅关于进一步加强节约粮食反对浪费工作的通知》	组织、宣传、监督、检查全国粮食浪费减量工作的详细措施	2010 年 1 月 8 日	国务院
《全国节粮型畜牧业发展规划（2011—2020 年）》	非粮饲料生产的短、中、长期目标	2011 年 12 月 21 日	农业部
《全国蔬菜产业发展规划（2011—2020 年）》	减少蔬菜产后损失的对策	2012 年 1 月 16 日	国家发展和改革委员会和农业部
《关于改进工作作风、密切联系群众的八项规定》	反对奢靡之风和公费宴请的行动	2012 年 12 月 4 日	中共中央政治局
《粮食节约行动方案》	旨在建立一套减少粮食损失和浪费的标准和监测体系	2021 年	中国共产党中央委员会办公厅和国务院办公厅
《城市生活垃圾管理办法》	城市粮食浪费清运细则	2007 年 4 月 28 日	住房城乡建设部
《中华人民共和国粮食安全保障法》	粮食浪费处理安全问题条例	2009 年 2 月 28 日	全国人民代表大会

　　中国的粮食储备呈金字塔结构。全国粮食总产量 50％以上由农户储存，25％在企业手中，剩余 25％由中央和地方政府储备⑰。虽然中国粮库储粮在储藏周期内综合损耗率不到 0.5％，接近工业化国家的水平，但农户消费储粮损失率较高，如农户只储存半年至一年或待价而沽（图 2 - 2）。

　　中华人民共和国国务院新闻办公室发布的《中国的粮食安全》白皮书⑱指

---

* 1 斤＝500 克。

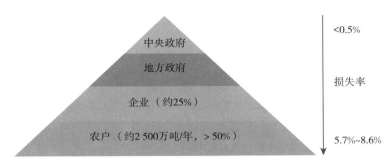

图 2-2　中国粮食储备及储粮损失率的金字塔结构

资料来源：Liu，2013。

出，中国将鼓励节粮减损，"大力开展宣传教育活动，增强爱粮节粮意识，抑制不合理消费需求，减少餐桌上的浪费"。与消费前阶段的损失和浪费（3 500 万吨，不包括种植阶段）相比，消费阶段的粮食浪费数量较大（超过 5 000 万吨）[16]。国家粮食局表示，2014 年，全国粮食年产量的浪费或损失率高达 35%。这一目标下的一个具体目标是，到 2020 年，中国应推进智慧粮仓建设，并采取措施解决油料作物问题。"截至 2018 年底，已建立约 1 400 个产后服务中心和 6 万多个采用科学储藏方法的粮仓，并向农民提供服务"[16]。2011 年中国粮食储藏周期内损失率见表 2-3。

表 2-3　2011 年中国粮食储藏周期内损失率

食物	损失（%）	损失量（百万吨）
谷物	7～10	15～22.5
蔬菜	15～20	100
水果	10～15	14
马铃薯	15～25	16

随着城市化的不断推进、收入的提高以及生活方式的转变，消费阶段的粮食浪费预计将继续增加[12]。因此，中国于 2013 年发起"光盘行动"。城市地区和餐饮业既是问题源头，也是解决方案。2020 年，反粮食浪费运动在微博上吸引了数百万用户的关注[15]（插文 2-1）。

➲ 插文 2-1：中国：开展餐饮行业光盘行动，推动消费者减少食物浪费

2013 年，中国发起首轮"光盘行动"。2020 年，习近平主席宣布发起新一轮"光盘行动"，指出中国的餐饮浪费现象"触目惊心、令人痛心！"

习近平主席还引用了唐代诗人李绅的诗句："谁知盘中餐，粒粒皆辛苦。"

"光盘行动"覆盖了公共和私人餐饮服务以及家庭消费。教育部制定了一项针对全国学校，包括食堂和学生的行动计划。此外，餐馆还提出了各自的预防和减少粮食浪费计划，比如湖北武汉餐饮业协会倡导的"N-1点餐模式"，提倡N位进餐客人只能点N-1人分量的菜。

中国科学院研究团队强调了粮食浪费的规模之大。该团队面向366家餐厅约7 000张餐桌开展调查，采访了数百人，整理了7 500份问卷，为3.2万道菜称重。调查结果显示，中国每年的粮食浪费高达1 700万～1 800万吨，浪费的食物量足够养活3 000万～5 000万人[14]。

政府宣布严禁奢侈宴请，进一步巩固2013年"光盘行动"成果[15]。许多餐馆开始以较低价格提供小份饭菜，或鼓励顾客打包[16]。根据商务部发布的《餐饮业经营管理办法》，"禁止餐饮服务经营者设置最低餐饮消费"。

由餐饮行业协会承办的"京津冀餐饮饭店业发展论坛"发布了《京津冀三地餐饮业关于绿色餐饮　光盘行动的共同倡议书》。此外，福州市餐饮烹饪行业协会倡导弹性点餐，制定了"半价""热盘"等措施。

成都餐饮同业公会联合成都市消费者协会发起"文明餐桌行动"。江苏省餐饮行业协会发布"提倡节约消费，反对餐饮浪费"倡议书，呼吁江苏省餐饮业从业者履行社会责任。

学生协会积极参与此项行动，推动提高食品的象征性价值。据中央电视台2017年5月27日报道，约70%的大学生在食堂就餐时会产生剩饭。积极推广"光盘打卡"等反浪费行动等解决方案，推动建设低碳校园。许多学校也针对浪费背后的原因展开了调查。

资料来源：https：//www.nycfoodpolicy.org/food－policy－center－china－clean－plate－campaign/；http：//english.igsnrr.cas.cn/ue/News_Multimedia/201803/t20180327 191104.html；https：//www3.nhk.or.jp/nhkworld/en/news/backstories/1297/。

2.2.2　澳大利亚

在澳大利亚，粮食浪费❶每年造成约200亿澳元的经济损失[16]。农业粮食损失给农民造成的损失高达28.4亿澳元，工商业部门的粮食浪费量为220万吨，家庭的粮食浪费量为310万吨，平均每个家庭所遭受的经济损失为2 200～3 800澳元。2016年，澳大利亚政府召开了粮食浪费峰会，制定了《国家粮食浪费战略》。

---

❶　确保从生产到家庭消费的各个环节均关注粮食浪费问题。

该战略建立了一个合作支持框架，以实现到2030年将澳大利亚粮食浪费减半的目标。在与产业界、企业界、政府、学术界和非营利部门磋商后，确定了四大优先领域。

（1）政策支持

- 确定用于衡量进展的国家粮食浪费基线和方法；
- 确定投资目标领域；
- 自愿作出减少粮食浪费承诺；
- 制定法律，支持粮食浪费减量，加强回收利用。

（2）商业发展

- 确定需要改进的领域；
- 支持技术应用；
- 鼓励开展协作；
- 将粮食浪费问题纳入商业实践考虑。

（3）市场开发

- 确定所浪费粮食的成分和营养价值，开拓新市场；
- 鼓励创新；
- 将粮食浪费来源具体到消费者。

（4）行为转变

- 转变消费者行为；
- 加强劳动力在粮食浪费领域就业。

为在上述领域取得成功，澳大利亚政府敦促所有国民贡献力量。政府为实施这一战略初步投资100万澳元。零售和食品加工部门也在努力解决粮食损失和浪费问题。食品加工行业的主要机构——澳大利亚食品和杂货协会制定了到2020年将填埋垃圾减少40%的目标。同时实施了强有力的激励机制，鼓励食品加工商和零售商减少粮食浪费，包括提高效率和盈利能力，从而为企业创造机遇，助其在竞争中脱颖而出。

大量安全营养食物通过以下三大食物回收和再分配服务机构从垃圾填埋场变废为宝：Fareshare食物银行、OzHarvest和SecondBite。Coles和Woolworths等大型杂货零售商约占超市行业70%的市场份额，已与上述组织建立了伙伴关系。此类伙伴关系证明：零售商可实现减少粮食浪费的目标，而慈善机构则有能力缓解"食物贫困"。产业界也在探索如何通过不同类型的包装减少粮食浪费，以及如何将粮食浪费转化为能源和动物饲料替代品。

2020年，为减少粮食损失和浪费，澳大利亚投资400万澳元种子基金，成立了一个独立的新型治理机构。澳大利亚农业、水和环境部负责减少浪费和环境管理的副部长表示：该机构业务将涵盖从农场到餐桌，即食品供应链的所有环节，涉及农民、食品制造商和批发商、零售商、餐饮从业者、家庭和食物救助组织，并在食品创新方面创造新的就业机会。新机构将与澳大利亚农业、水和环境部合作运营[18]。

澳大利亚反对粮食浪费合作研究中心的宗旨是提升竞争力、生产率和可持续性，该目标与澳大利亚食品创新公司编制的《食品和农业企业竞争力计划》高度契合[19]。2018 年，该中心吸纳了一笔为期 10 年、价值 3 000 万澳元的项目资金。

2.2.3　泰国

可持续消费和生产已纳入泰国《国民经济和社会发展五年计划》。与近年发布的计划一样，《2017—2021 年国民经济和社会发展计划》将已故国王普密蓬·阿杜德（1927—2016 年）提出的"自给自足经济"理念置于国家发展议程的核心，并为泰国在健康环境下确立可持续社会和经济发展的战略方向提供了政策框架。第十二个《国民经济和社会发展计划》强调：创建公正社会，减少社会不公、加强能力建设、加强经济潜力可持续性、提升竞争力、推动可持续消费和生产，维护国内安全、加强善治。

泰国自然资源和环境部负责国家自然资源与环境管理，包括可持续消费和生产。部内各司局也在积极推动可持续消费和生产工作。在自然资源和环境政策及规划办公室的领导下，自然资源和环境部会同其他 27 个政府部门，在"执行可持续发展目标自然资源和环境指导委员会"下成立了可持续发展目标 12 分委会。

泰国国家可持续发展委员会发布了"2017—2036 年可持续消费和生产路线"[20]，该路线的前身是泰国—欧盟政策对话支持基金"转型—亚洲区域政策宣传项目"下制定的泰国可持续消费和生产路线。该路线目标与可持续发展目标高度契合，包括下列三大战略：

（1）推动泰国社会实现可持续生产战略；

（2）推动泰国社会实现可持续消费战略；

（3）推动泰国社会利用配套要素制定可持续发展战略。

除自然资源和环境政策及规划办公室之外，污染防控司也从 2005 年起开始执行绿色公共采购政策，创建环境友好型产品和服务市场。环境质量促进司发起公共宣传教育活动，推动公众行为转变，促进采取更加环境友好和可持续的行动。

此外，自然资源和环境国际合作办公室作为《可持续消费和生产模式十年方案框架》的联络机构，在泰国—欧盟政策对话支持基金的赞助下，制定了2018—2022 年五年行动计划草案，旨在推动《十年方案框架》的执行。该计划通过实施可持续消费和生产路线图并促进所有利益相关方的参与，致力于落实可持续发展目标 12 和《十年方案框架》。

泰国已发布 2017—2036 年可持续消费和生产框架，并制定十年行动计划。发展可持续粮食体系是其六大目标之一。在此目标下的具体目标包括：获取国家粮食损失数据，并从 2020 年起将整个粮食供应链的年均粮食损失减少 5%。

在自然资源和环境部内，污染防治司和环境质量促进司主要负责领导可持续发展目标 12.3 的活动。曼谷浪费管理战略主要遵循减量、回收、再利用的"3R"原则。预计 52% 的粮食浪费可转化为堆肥，10% 可回收利用，38% 可转化为能源（插文 2-2）。

© shutterstock/Anirut Thailand

农业与合作社部粮食产后主管部门积极加强粮食损失问题管理。为减少特定商品损失，建立了各种支持机制，如大米干燥和储备资金支持机制。该部也在粮农组织支持下，开展了重点大宗农产品损失程度和粮食浪费的研究工作。泰国政府同时成立国家粮食损失和浪费委员会，该委员会正与政府、学术界伙伴开展国家基线研究，在粮农组织的技术援助下开展粮食损失和浪费测算。自 2016 年以来，粮农组织技术合作项目还支持加强国家统计办公室对可持续发展目标指标 12.3.1 的监测和报告能力。

> ### ➡ 插文 2-2：泰国：香蕉和绿豆损失的直接测算
>
> 2020 年 2 月 10—14 日，在印度尼西亚巴厘岛举办的亚太区域农业统计委员会第二十八届会议上，粮农组织和泰国农业部报告了绿豆和香蕉损失的直接测算结果。
>
> 绿豆的直接测算涉及北榄坡府 5 个村的 10 位农民（每村两位农民）和甘烹碧府的 4 位磨坊主。结果显示，收获损失率高达 7.08%。

对香蕉的直接测算涉及巴吞他尼府5个村的5位农户和3个包装车间。结果表明，收割、疫病、鸟类等动物给农民造成的损失约为2.81%，包装损失为1.68%。

粮农组织的粮食损失分析方法提供了相关数据，以增进国家层面的了解。然而，考虑到大规模直接测算粮食损失将产生较高的资金、时间和人力资源成本，因此这项工作将为编制粮食损失指数所需的统计工作奠定基础。

资料来源：《泰国香蕉和绿豆产中和产后损失评估》（PPT），2020。http：//www. fao. org/3/ca7 869en/ca7 869en. pdf。

2.2.4　尼泊尔

尼泊尔承诺应对2012年联合国可持续发展大会（"里约＋20"峰会）提出的零饥饿挑战。尼泊尔将零饥饿挑战纳入2025年消除饥饿行动计划的国家愿景。该计划强调需建立仓储设施、保鲜设备、包装车间，发展信息及通信技术，确保供应链各环节的损失最小化。

尼泊尔农业研究委员会粮食研究处负责制定产后损失最小化策略。苹果的产后损失在20%～30%，柑橘为15%～20%，番茄为10%～15%，花椰菜为10%～15%[11]。粮农组织还支持数据收集，并在尼泊尔试行降低花椰菜损失的解决方案[12]。

《国家零饥饿行动计划》（以下简称《行动计划》）的主要目标是确保所有人都能获得充足食物，包括推进可持续生产进程以加快农业增长，改善粮食治理服务以有效管控饥饿和营养不良问题，以及保障基于权利的粮食安全。

《行动计划》重点关注增加农业投资、基础设施建设、农业企业发展、（为青年等群体）增加就业机会、并通过提供生产性资源为小农和无地生产者提供支持。

2014—2018年，粮农组织为农业和粮食安全项目提供技术支持，旨在保障弱势群体的粮食安全，降低其健康风险和食品风险。评估发现，该项目超额完成所有绩效目标，惠及656 245名贫困人口（目标为56万），其中女性约603 000人（目标为39.2万），传播了30项技术（目标为29项），开展了6 580次田间试验（目标为4 000次），生产了583吨种质资源（目标为540吨）[13]。

继农业和粮食安全项目后，农业和畜牧业发展部正在实施粮食和营养安全提升项目[14]，该项目执行期为2018—2023年，旨在提升农业生产率并加强营养实践。粮农组织为尼泊尔提供技术支持，助其实现项目目标，"增强气候韧

© shutterstock/Anansing

性，改善尼泊尔特定地区目标弱势社区的农业生产力和营养做法"。这些特定地区包括：达定、廓尔喀、多拉卡、辛杜帕尔乔克、萨普塔里、锡拉哈、马奥塔里和达努沙。该项目直接受益人约 6.5 万，其中至少 65％为女性[16]。

在粮农组织 2018—2019 年技术援助的初步支持下，急需开展产后管理并改进粮食损失计量方法（附录 3）。

© shutterstock/Elena Yakusheva

2.3 粮农组织在亚太地区开展减少粮食损失和浪费工作

2013 年 4 月，联合国副秘书长在亚太地区发起了零饥饿挑战。随后，联合国区域贫困和饥饿主题工作组制定了《亚太地区实现零饥饿挑战区域指导框架》，同时按照粮农组织战略目标制定了《支持亚洲及太平洋零饥饿挑战的区域举措》。

粮农组织亚太区域办事处与亚洲理工学院合作，于 2013 年 8 月 27—28 日在泰国曼谷召开了关于亚太地区粮食损失和浪费问题的高级别多利益相关方磋商会。会议嘉宾包括捐赠方代表、农业部门高级别政府官员、私营部门代表、研究人员和学者，以及学童和教师。作为成果，会议发起了"亚太地区节约粮食倡议"，主要由粮农组织在泰国实施。

粮农组织还实施了多个项目，支持泰国和尼泊尔加强对可持续发展目标指标 12.3.1 的度量和报告工作，并于 2019 年于日本举办了可持续发展目标统计师度量培训班。粮农组织支持编制包括菲律宾议会白皮书在内的多份区域文件，并支持印度尼西亚政府于 2020 年主办的亚太粮食减损大会。粮农组织还支持为特定国家、区域以及完善产后管理制定一系列计划，包括 2018 年与东盟在其五年计划下的相关合作，以及与泰国在南亚区域合作联盟框架下开展的香蕉和绿豆损失领域的合作。在缅甸，粮农组织支持制定关于 2019—2021 年减少粮食浪费和大米损失的全国粮食损失和浪费基线发展和方法。支持斯里兰卡城市粮食浪费项目，支持马来西亚正在开展的损失度量和减量项目，还于 2020—2021 年在阿富汗和缅甸着手开展粮食及谷物损失减量项目。粮农组织支持 2014 年印度尼西亚小规模渔业资源损失评估案例研究[16]，且正在执行技术合作项目（2020—2021 年），以减少孟加拉国和斯里兰卡捕捞业供应链中的渔业资源损失。粮农组织编制了渔业资源损失评估方法[17]，为小规模渔业资源损失评估提供指导。

粮食损失和浪费已逐渐主流化，日益纳入多个区域和国家，包括阿富汗、巴基斯坦、巴布亚新几内亚和孟加拉国等的可持续粮食体系和价值链开发项目。

2.4　亚太地区减少粮食损失和浪费战略分析

考虑到粮食损失和浪费是亚太地区许多经济体面临的共同挑战，因此需为亚太地区制定因地制宜的应对战略。亚太地区在区域间和区域内积累了不同层次和维度的经验，可为各成员经济体提供交流经验教训、知识和做法的平台。

由于粮农组织正在国家和区域层面开展粮食损失和浪费指数（可持续发展目标指标 12.3.1.a 和 12.3.1.b）相关工作，各成员经济体支持在该区域推出指数及相关方法的倾向和意愿也不断增加。关于粮食损失和浪费数量和类型的数据将有助于在了解和确定最恰当解决方案方面取得进展，以最大限度减少对人类营养、气候变化以及微观和宏观经济的影响。

粮农组织可加强对统计培训和实地工作的技术支持，通过现有方法确定和分析粮食损失和浪费关键节点，促进决策者就所需投资及其回报采取明智行动。这也对于在粮食损失最严重的地方有针对性地收集粮食损失数据至关重要。需要发展粮食体系的专业化能力来应对并支持各成员经济体实现其可持续发展目标 12.3。

与东盟或亚太经合组织等区域组织建立伙伴关系可提供最佳路径，吸引各成员经济体更高政治层面参与，通过多部门粮食损失和浪费实践实现变革和协作。例如，东盟在《粮食安全综合战略》框架下推动农业创新⑯，粮农组织亚太区域办事处可支持在《粮食、农业和林业负责任投资准则》的基础上增加投资⑰。投资将基于《农业和粮食体系负责任投资原则》，包括准则 5：养护和可持续管理自然资源，特别是东盟的森林资源，"尽量减少收获前后的损失和浪费，提高生产效率，推动浪费品及其副产品的生产性利用，包括投资运输和仓储基础设施、建立技术传播和研究伙伴关系"⑱。

粮农组织在提高粮食损失和浪费意识、支持各成员减少浪费倡议，包括动员社交媒体等方面，发挥着重要的推动作用。2017 年，中国微博平台举办了一场粮食损失和浪费宣传活动，吸引了 100 多万名用户参与。2013 年，粮农组织主要在泰国开展了"节约粮食"宣传活动。

可通过粮农组织推动建立的粮食损失和浪费区域平台，在区域内广泛分享澳大利亚、中国、尼泊尔和泰国提供的国家案例、国家和非国家经验，采取行动并推广解决方案。中国通过举办"光盘行动"，确定消费者作为减少粮食浪费变革的主体作用，也吸引了私营部门的参与。泰国极具前瞻性，在可持续消费和生产计划下，确定了实现可持续发展目标 12.3。随着公众对环境问题认识的不断提高，泰国政府也在推广更有利于食品消费和处理的食品种类和环境措施。

根据尼泊尔的经验，有必要提高对采取行动、减少粮食损失和浪费必要性的认识。国家"零饥饿战略"下的国家行动计划等核心规划，设立了宏伟的粮食安全目标，与预防和减少粮食损失和浪费高度契合。

上述案例提供了有价值的信息和选择，供本区域其他成员经济体参考。当前本区域还面临一项跨领域挑战：解决与粮食损失和浪费有关的两大问题——自然资源开采和导致气候变化的温室气体排放问题。

第 3 章 粮食损失和浪费、气候变化与环境

© shutterstock/Galyna Andrushko

3.1 概况

2020 年，政府间气候变化专门委员会发布了《气候变化与土地》特别报告，报告预计：2010—2016 年间，导致全球变暖的温室气体排放中有 8%～10%来自粮食损失和浪费①。粮食损失和浪费每年对全球环境造成的影响包括：约 5 亿吨二氧化碳当量的碳足迹（人均 690 千克二氧化碳当量），19 立方千米水足迹（人均 26 立方千米），以及 9 500 万公顷土地足迹（人均 1 300 平方米，约占全球粮食体系总能耗的 38%）（表 3‐1）。

粮食损失和浪费导致应对全球粮食不安全和营养不良问题效率低下、潜力丧失，也对环境和气候构成了重大挑战。在农业生产的各个阶段，土地用途转变、燃料消耗等活动都会产生温室气体排放，包括粮食浪费填埋产生的甲烷排放。

表 3-1　粮食损失和浪费对全球环境的主要影响

环境影响	单位	全球	经合组织国家	非经合组织国家
温室气体排放	十亿吨二氧化碳当量	3.49	0.75	2.74
土地占用	百万公顷	0.90	0.21	0.70
水资源利用	立方千米	306	24	282
土壤侵蚀	十亿吨土壤损失	7.31	1.00	6.31
乱砍滥伐	百万公顷	1.82	0.16	1.66

资料来源：粮农组织，2015。

粮食损失和浪费所产生的巨大排放量是气候变化的主要成因，约占全球人为温室气体排放量的 8%。粮农组织估计，全球近 30% 的农业用地所种植的粮食在中途遭遇浪费，无法到达消费者手中[⑩]。损失和浪费的粮食资源也表明，生态系统正在遭受不必要的压力。

在政策层面，2030 年议程和《巴黎协定》等政策工具为在国家层面制定相辅相成的环境和自然资源可持续管理目标和报告制度提供了框架。支持可持续发展目标 12.3 的行动可通过优化粮食生产中的水资源利用推动实现可持续发展目标 6（可持续水资源管理），通过改善食品环境管理实现可持续发展目标 11（可持续城市和社区），通过减少粮食损失和浪费所产生的排放实现可持续发展目标 13（气候变化），通过更可持续地利用渔业资源等支撑粮食生产的自然资源实现可持续发展目标 14（海洋资源）和可持续发展目标 15（陆地生态系统、林业、生物多样性）（粮农组织，2019）。

制定相辅相成的可持续发展目标有望加强对国家粮食损失和浪费的衡量和监测，为采取更加明智和强有力的行动提供基础。完善关于粮食损失和浪费量的统计数据将有助于衡量在实现可持续发展目标 12.3 方面取得的进展，也有助于实现减少环境和气候变化影响的其他承诺，特别是在可持续发展目标 13 下的承诺。在综合性、互补目标之下，国家统计部门与环境和粮食及农业部门需要开展更为紧密的合作。

粮农组织在此方面可以发挥促进作用。例如：为日本通过的《关于促进减少食物浪费的法律》（2019 年第 19 号法令）提供了可持续发展目标 12.3 的详细背景资料和粮食损失和浪费的技术考虑（插文 3-1）。

> ⊃ **插文 3-1：日本：回收利用废弃食物，重点依靠**
> **消费者推动变革**
>
> 2020 年 9 月，世界银行与日本农林中央金库共同发行了总额为 5 亿美元的可持续发展债券，农林中央金库是服务日本农业、渔业和林业合作社的全国

性金融机构，也是日本国内支持粮食损失和浪费倡议的唯一投资方。资金来源为国际复兴开发银行向中等收入国家提供的用于解决粮食损失和浪费问题的 46 亿美元贷款，包括对基础设施、市场准入、物流以及废弃物管理的投资。

2019 年 5 月，日本国会通过了《减少食物浪费促进法案》（《粮食损失法案》，2019 年第 19 号法案）。该法案于 2019 年 10 月 1 日生效，是政府为实现可持续发展目标 12.3 制定的一项计划。《粮食损失法案》规定，日本政府有义务制定减少粮食浪费的基本国策，地方政府有义务制定地区行动计划（第三、四、十一至十三条）。中央和地方政府应针对消费者和企业开展宣传教育（第十四条）。该法案指导中央和地方政府采取措施，为非政府组织的活动提供便利，收集被浪费的可用食物，并将其分发给有需要的人和受灾群众（第十九条）。剩菜打包宣传委员会正在向公众普及剩菜打包理念。消费者事务局在其粮食损失宣传教育网页上宣传了该活动。企业也在利用人工智能技术加强食品管理。

日本《食品回收利用法》于 2000 年制定，由环境省和农林水产省于 2001 年 1 月联合颁布。2007 年，日本对该法进行修订，其特点包括①为食品相关企业经营者提供指导和咨询；②为食物供应链各环节设定粮食浪费回收和减量目标；③规定每年产生 100 吨及以上粮食浪费的食品企业必须报告粮食浪费和减量情况；④将制造商往往难以减少浪费的不可食副产品纳入目标。

配送时间和日期标签：农林水产省和企业一道，鼓励放宽配送截止日期要求，降低粮食浪费。允许在食品安全和质量保护下延长保质期，对于保质期超过 3 个月的产品，标签上允许以失效月份取代失效日期。鼓励完善包装，延长产品保质期。日本政府于 2013 年发起"粮食零损失项目"，支持减少食物供应链上安全营养食物的浪费行为，包括支持食品银行发展，并呼吁在餐馆开展"无剩菜"和"无浪费"运动。

资料来源：https://www.worldbank.org/en/news/press-release/2019/09/20/pressrelease20190920norinchukinbanksdbflw；https://www.loc.gov/law/foreign-news/article/japan-diet-passes-new-act-aimed-at-reducing-food-loss/。

3.2 亚太地区粮食损失和浪费与气候变化

气候变化对亚太地区的生计、粮食安全和粮食体系构成了重大威胁。粮食损失和浪费与气候变化的关系不仅关乎排放。气候和一般天气条件的变化会对粮食损失和浪费的速度和发生率产生一系列影响。气温升高或降水模式变化会增加生产阶段的损失，并影响产后条件。如果缺乏有效的适应措施，如开发作物良种和韧性品种或加强仓储设施建设，则更有可能导致供应链其他环节的损失。气候变化还可能导致病虫害发生率上升，从而造成额外损失。

纵观全球，由于大宗农产品类别不同，产生粮食损失和浪费碳足迹的主要成因也不尽相同。图 3－1 表明[18]，谷物的损失和浪费造成的碳足迹最高，占总量的 34％，肉类占 21％，蔬菜占 21％[18]。畜禽肉类的损失和浪费仅占总量的 15％，但其产生的碳足迹几乎占畜牧业总水平的 33％，原因在于潜在排放量较大的食品在损失或浪费情况下会产生更高的碳足迹。由于消费环节是整个价值链的最后环节，因此是粮食损失和浪费产生最大影响的环节。

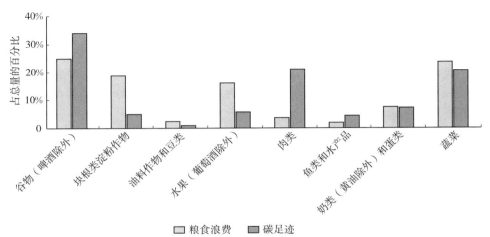

图 3－1 全球各类农产品损失和浪费对碳足迹的贡献率
资料来源：粮农组织，2014。

亚洲是全球蔬菜生产和消费中心，在全球蔬菜生产和消费中均占一半以上份额。在亚洲工业国以及南亚和东南亚地区，鉴于果蔬在农业生产、产后处理和储存以及消费过程中产生了大量损失或浪费，因此果蔬损失和浪费所产生的碳足迹较高。亚洲工业国产生的蔬菜损失和浪费为人均 118 千克，约占 11％。

由于大米是亚洲的主要谷物，产生的温室气体排放量较大，因此亚洲谷物的碳足迹高于世界其他地区。大米种植是主要温室气体甲烷产生的主要来源。因此，在亚洲工业国以及南亚和东南

亚，大米平均碳影响因子分别为每千克产量产生 5 千克和 3.4 千克二氧化碳当量，显著低于欧洲小麦的碳影响因子——约为每千克产量 2 千克二氧化碳当量[⑯]。

在亚洲，大米产生的损失和浪费在所有谷物中居首位，在亚洲工业国[❶]为 53%，南亚和东南亚为 72%。在亚洲工业国以及南亚和东南亚，由于水稻种植方法会产生大量温室气体，因此大米损失和浪费产生的温室气体排放中有 70% 产生在生产阶段，供应链各环节产生的损失和浪费同样数量巨大。亚洲所有国家的大米产后损失预计在 15%～37%[⑱]，再加上品质损失，大米市场价值损失可达 25%～50%。

考虑到全球所浪费粮食的分配和消费模式，高收入国家粮食损失和浪费所产生的碳足迹超过低收入国家的两倍[⑲]。总体而言，粮食损失和浪费所产生的碳足迹在消费阶段达到顶峰，占总碳足迹的 37%，而收获环节仅占总量的 22%（图 3-2）。原因在于，加工、运输或烹饪过程中产生的排放影响将和最初的生产影响产生叠加作用，因此粮食在供应链上发生损失或浪费的时间越晚，环境成本就越高。例如，一个在收获阶段变质的番茄所产生的碳足迹将低于在零售商店浪费的番茄酱。

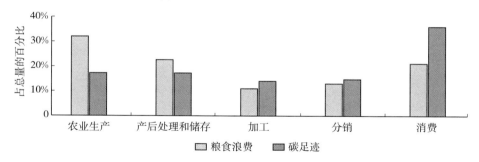

图 3-2　食物供应链各环节对碳足迹和粮食损失和浪费的贡献率
资料来源：粮农组织，2014。

3.3　粮食损失和浪费与垃圾填埋处理

垃圾填埋场产生的环境足迹较高，是温室气体排放的主要来源之一。在亚太地区所有经填埋处理的城市固体垃圾中，包括粮食浪费在内的有机废弃物占绝大部分。在除新加坡以外的东盟国家[❷]，平均 56.5% 的城市固体垃圾为有机废弃物。有机废弃物同样是南亚城市固体垃圾中的重要部分。在斯里兰卡、孟

---

❶　中国、日本和大韩民国。
❷　新加坡 10.5% 的城市固体垃圾是有机废弃物。

加拉国和印度，有机废弃物分别占城市固体垃圾总量的 80%、65% 和 40%[⑱]。中国 62% 的城市固体垃圾是有机废弃物。

垃圾站的有机物和水分含量越高，甲烷排放量就越高。从城市固体垃圾填埋场逸出的气体不仅包含有毒污染物，也构成了全球人为甲烷排放的最大来源。甲烷所产生的温室效应是二氧化碳的 25～72 倍。垃圾填埋对环境、社会和经济造成诸多负面影响，因此只应被视为万不得已的最后手段。然而，当前不论是在全球还是地区，垃圾填埋仍是处理粮食浪费的首要方式。此外，缺乏垃圾填埋空间是亚太地区面临的另一大挑战。

在各国家层面，大韩民国制定了最大限度减少粮食浪费的渐进式方法。1994 年，大韩民国发起首轮政策干预，或称评估和减少计划。1995 年，大韩民国禁止城市地区粮食浪费直接填埋。1996 年，发布《减少食物浪费总体计划》，1997 年制定"减少粮食浪费综合措施"，要求民众将粮食浪费与一般生活垃圾分类收集。该计划执行粮食浪费"从量"制度，按照民众的粮食浪费量对其收费。

3.4 粮食损失和浪费对水资源的影响

粮食损失和浪费涉及蓝水、灰水和绿水的潜在利用问题。蓝水足迹指对地表水和地下水资源的消耗程度。粮农组织利用蓝水足迹从水资源的角度评估粮食损失和浪费的影响。农业中的蓝水是从地上或地表水源中提取的灌溉用水。

农业是利用蓝水灌溉最多的行业。对于亚洲许多集约型农业生产系统来说，蓝水是必不可少的农业投入品。如果管理不善，灌溉农业中的蓝水可能会导致环境问题，如水资源枯竭、盐碱化、内涝或土壤退化。在一些地区，水资源管理不善加剧了水资源短缺和土地退化问题，对粮食生产体系可持续发展构成了重大风险。因此，粮食损失和浪费造成的水资源损失和浪费问题已十分严峻。

全球粮食损失和浪费产生的蓝水足迹约为 250 立方千米，相当于湄公河年流量（453 立方千米）的一半弱。如果将粮食损失和浪费视为一个国家，它将在全球各国粮食生产消费产生的水足迹排行榜上位居首位。鉴于亚洲在大米、小麦等谷物种植过程中普遍使用灌溉，因此其粮食损失和浪费的水足迹高于世界其他地区（图 3-3）。

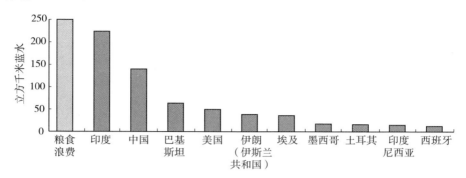

图 3-3 全球粮食损失和浪费与前十名国家农业生产和消费产生的蓝水足迹对比
资料来源：粮农组织，2014。

在全球范围内，因损失和浪费产生水足迹最高的作物是谷物，占水足迹总水平的 52%；其次是水果，占 18%；二者分别占粮食浪费总量的 26% 和 16%。相比之下，淀粉质块根作物占总水足迹的 2%，占粮食损失和浪费总量的 19%。例如，Le Roux 等[②]估计了从农场到消费者供应链上的粮食损失和浪费情况，以衡量南非豪登省 Steenkoppies 地区蔬菜种植所产生的水足迹。据其估计，生菜产生的水足迹为 38%，卷心菜 14%，西蓝花 13%，其中 70% 的损失发生在包装车间。"据估计，在 Steenkoppies 地区，由于蔬菜损失和浪费流失的蓝水资源（400 万立方米/年）占超过可持续限度（1 700 立方米/年）预估蓝水量的 25%。"（图 3-4）

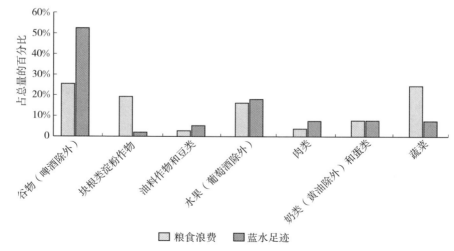

图 3-4 各类农产品对粮食损失和浪费以及蓝水足迹的贡献率
资料来源：粮农组织，2014。

3.5　粮食损失和浪费对土地利用和生物多样性的影响

粮食损失和浪费意味着本可用于生产粮食或提供其他生态系统服务的土地被白白浪费，因此粮食损失和浪费与土地利用问题息息相关。为评估粮食损失和浪费可能造成的土地利用问题，粮农组织利用土地占用指标描述生产粮食所需的土地面积，包括农田和草地。

全球粮食产量中未被消费部分占用了近14亿公顷土地，相当于全球农业用地面积的30%。其中绝大部分土地（78%）用于肉类和奶类生产，尽管肉类和奶类仅占粮食浪费总量的11%。原因在于，肉奶生产占用了大量非耕地（包括牧场、草场），同时，被浪费掉的肉奶产品本身也消耗了饲料作物，间接造成了耕地的浪费（图3-5）。

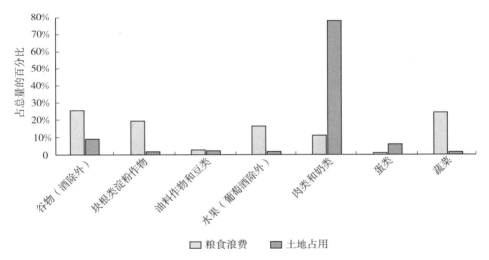

图3-5　各农作物对粮食损失和浪费的贡献率及其土地占用情况
资料来源：粮农组织，2014。

在区域层面，若将亚洲工业化国家与南亚和东南亚国家合并计算，与其他地区相比，亚洲发生粮食损失和浪费的土地面积最大。粮食损失和浪费不必要地加剧了区域土地竞争（图3-6）。

在分析粮食损失和浪费对土地产生的影响时，没有考虑与农业生产有关的土地退化因素和对生物多样性的潜在影响。然而，尽管为农业生产而毁林开荒仍是东南亚的重要问题，但上述分析并未充分考虑毁林的影响。

粮食损失和浪费迫使人们采取更集约的做法，以弥补供应链效率低下造成的短缺，这种效率低下可能导致土地进一步退化。粮食生产，无论是通过

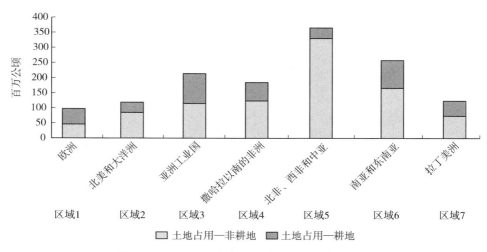

图 3－6　各区域粮食损失和浪费的土地占用情况
资料来源：粮农组织，2014。

集约还是粗放方式发展，如果不采用以营养为导向的粮食体系方法，就可能对生物多样性构成重大威胁。发展中国家也面临着气候变化压力所带来的重大风险。

3.6　克服粮食损失和浪费对环境的影响

减少和预防粮食损失和浪费对减少食物供应链各环节的环境影响至关重要。在全球层面，减少粮食损失和浪费被视为降低食品行业排放的有力举措，有望减排 700 多亿吨二氧化碳当量[⑱]。国家和非国家行动方需要加强协调，才能通过减少粮食损失和浪费取得规模效益（图 3－7）。

将粮食损失和浪费纳入《巴黎协定》（可持续发展目标 13）规定的国家自主贡献，有助于为旨在预防和减少粮食损失和浪费的活动和措施吸引气候资金。通过综合施策，预防和减少粮食损失和浪费的措施将得到批准，以支持实现可持续发展目标 12，并推动实现其他可持续发展目标以及制定减缓和适应气候变化目标、举措和重点行动的国家自主贡献。

约 90％[⑲]的亚太国家将减少粮食损失和浪费相关举措纳入了国家自主贡献。旨在减少粮食损失和浪费的措施包括以下一系列行动：通过生物能源促进生物质循环利用；通过将废弃物转化为有机肥进行生物质回收利用；通过完善存储或产后操作防止生物质损失；以及通过将作物残渣转化为饲料加强生物质再利用（图 3－8）。

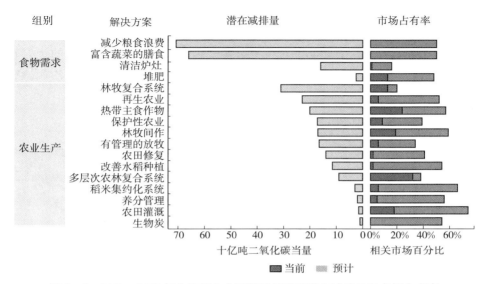

图 3-7　2020—2050 年食品行业在可能情景下的潜在减排量和市场占有率

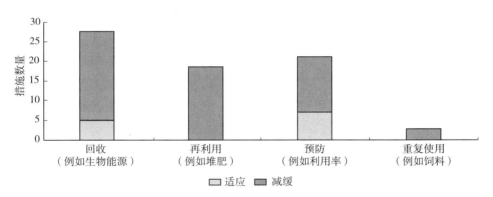

图 3-8　亚洲国家自主贡献中减少粮食损失和浪费的政策和措施（按类别划分）
资料来源：国家自主贡献。

预防粮食损失和浪费是减缓气候变化的有效方法。了解粮食浪费或损失回收利用的其他技术和措施在技术和经济上的可行性，对今后制定国家自主贡献也至关重要。从根本上消除粮食损失和浪费是不现实的，且采用这种技术的过程中也可能产生对粮食损失和浪费的需求。在制定通过粮食损失和浪费再利用提高效率的次级措施重点时，应考虑此类权衡取舍。

在国家自主贡献适应措施中，可产生最大限度减缓效应的是农林复合系统，其次是作物管理和粮食减损。科罗尼维亚农业联合工作议程为各国提供了一个机遇，使其强调部门需求和优先事项，特别是粮食减损。

表3-2列举了一些减少或预防粮食损失和浪费的措施。这些措施可纳入国家自主贡献重点工作，遵循"粮食合理利用避免损失浪费"倒金字塔结构⑫。在分析数据和决定预防和减少粮食损失和浪费干预措施和投资的优先事项时，可以考虑这些因素。在制定重点工作和敲定措施时，国家应参考该战略的五大支柱。

表3-2　可列入国家自主贡献重点工作的旨在减少和预防粮食损失和
　　　　浪费的减缓和适应措施

技术重点	可能措施
减缓	• 加强对粮食损失和浪费的认识 • 制定并实施国家政策框架和战略，减少产中和产后损失 • 实施减少粮食浪费的法律 • 加强产业链交流，匹配粮食供需，优化供需结构 • 完善收获、仓储、加工和包装、冷链、运输和零售流程 • 提高粮食服务数量，开展需求预测 • 通过提升各年龄段消费者饮食素养，改善消费习惯 • 开发被零售商供应链淘汰的食品市场 • 为粮食不安全人口循环利用和重新分配安全营养食物，覆盖从生产到食品服务等各环节 • 在不影响上述要点实施的前提下，探索从加工过程中提取生物活性化合物 • 在不影响上述要点实施的前提下，探索将存在浪费风险的食物转化为动物饲料 • 在不影响上述要点实施的前提下，开展堆肥工作 • 在不影响上述要点实施的前提下，探索利用供应链各环节损失和浪费的粮食发电所需的技术和资源
适应	• 确保人们获取良种，包括抗旱和抗涝种子 • 推动实施及时收获计划和需求预测 • 落实环境友好型病虫害防治方法 • 建立预警系统 • 加强良好农业操作、良好生产规范、良好卫生规范、危害分析与关键控制点以及全球良好农业操作规范 • 在不影响上述要点实施的前提下，探索利用供应链各环节损失和浪费的粮食发电所需的技术和资源

关于减缓气候变化的一个重要领域是采用冷藏和冷冻技术供水产品保鲜（与可持续发展目标14相关）和制冰，确保这些技术在偏远地区可利用太阳能发挥作用。例如，在所罗门群岛，WorldFish 和 West Are'are Rokotanikeni 协会引进了更便携廉价的太阳能冰柜，作为渔业中心提供的集中冷藏的替代方法⑬。

美国国际开发署和国际农业研究磋商组织气候变化、农业及粮食安全研究计划已启动研究，重点建立气候变化缓解潜力的实证基础⑭，以预防和减少粮食损失和浪费。该研究包括对 12 个国家 20 个价值链政策的影响开展初步估计，包括从生产到消费层面的行动，乳制品行业是粮食损失浪费和缓解潜力最大的行业之一。

如果决策者和消费者可获取关于粮食浪费数量和类型的源头优质数据，便可以激励他们自下而上地向预防粮食浪费转型。一方面，各国可通过实施粮食浪费分类回收计划等措施，逐步达成目标。另一方面，食物利用方法优先从源头预防、回收和重新分配供人类直接食用的安全营养食品、提取生物活性化合物，将食品转化为饲料。亚太地区各国可以考虑两种方式，即有机废弃物最小化方法和粮食合理利用避免损失浪费方法（插文 3-2）。

> ➲ **插文 3-2：新加坡：粮食浪费——分类、回收利用和降低处理及运输费用**
>
> 自 2004 年起，新加坡要求下列市场主体进行粮食浪费分类处理：
>
> （1）餐饮区域面积超过 3 000 平方米的商场；
>
> （2）餐饮等功能区面积超过 3 000 平方米的酒店；
>
> （3）运营规模超过 750 平方米的大型食品制造企业；
>
> （4）拥有至少一家大型食品制造企业的多用户工厂（在工厂中的运营面积超过 750 平方米）；
>
> （5）总建筑面积超过 20 000 平方米且拥有 20 家以上食品制造商和宴会服务商等食品租户的多用户工厂。
>
> 国家环境局将更新有关上述措施的《环境卫生行为准则》，并建立"3R基金"，支持 25 家企业建立现场粮食浪费处理系统，降低粮食浪费处理和运输费用，节省成本。国家环境局的数据显示，目前的粮食浪费回收利用率仅为 18%。
>
> 资料来源：https://www.nea.gov.sg/media/news/news/index/businesses-required-to-segregate-food-waste-for-treatment-under-new-legislation#:~:text=Singapore%2C%204%20March%202020%20%E2%80%93%20From,%2Dsite%20or%20off%2Dsite。

2020 年 11 月，一年一度的亚太农业食品创新峰会以视频形式召开，主题为"供应链韧性创新、城市粮食体系、蛋白质替代品和可负担的营养"。峰会讨论了粮食损失和浪费最小化问题、回收利用可行性，以及本地区许多公司已开始或考虑投资的领域。参会企业包括致力于研发印度农业损失最小化方案的农业生物科技公司 GreenPod Labs。其中包括一种基于纳米技术的活性包装技

© shutterstock/ChameleonsEye

术，可通过使用减缓乙烯生物合成的植物酚类化合物来延长果蔬保质期。在供应链行动方行为转变的支持下，技术解决方案可通过提高生产率、减少进入垃圾填埋场的（生物）废弃物等措施，支持减少粮食损失和浪费，并降低粮食体系的温室气体排放。

教育在促进本区域预防和减少粮食损失和浪费的社会和技术创新方面发挥着重要作用。亚太地区的投资潜力正在加速释放。中国台北科技大学的学生开发了一种标识系统，赢得了 2020 年詹姆斯戴森奖®。其技术解决方案被称为"标签折扣"系统，有助于预防粮食浪费，增加零售商收入。该系统应用了贴纸变色技术，贴纸根据产品保质期的剩余天数，显示不同的颜色和折扣。例如，如果产品还有 48 小时过期，则标签显示打八折，如果还有 24 小时过期，则显示打六折。

通过政府和社会资本合作开展社会和技术创新可提高企业和消费者的接受度，不仅有助于减少粮食浪费对环境的影响，也能减少相关废弃包装产生的影响。

第4章　亚洲及太平洋地区减少粮食损失和浪费的区域战略

©shutterstock/TK Kurikawa

4.1　愿景、宗旨和战略目标

《联合国粮食及农业组织关于亚洲及太平洋地区减少粮食损失和浪费的区域战略》的编写基于详细的文献审查、粮农组织截至目前在国家、区域和全球层面开展的活动以及国别研究❶。

2018年，在粮农组织第三十四届亚太区域会议上，粮农组织亚太地区成员国表达了就粮食损失和浪费问题获得指导的意愿和诉求。2020年粮农组织线上区域会议强调，"完善粮食损失和浪费的数据收集是监测可持续发展目标进展情况的重点工作⑱"。

愿景：通过降低供应链和家庭层面的粮食损失和浪费，加强亚太成员国的

---

❶　地区：非洲、欧洲与中亚、拉丁美洲及加勒比地区、近东与北非；国家：中国，尼泊尔与泰国。

粮食安全、营养和气候变化减缓行动。

　　宗旨："到 2030 年，将零售和消费环节的全球人均粮食浪费减半，减少生产和供应环节的粮食损失，包括产后损失"（可持续发展目标具体目标 12.3）。

　　战略目标：为有效支持亚太地区国家和非国家行动方在 2030 年之前预防并减少粮食损失和浪费，该战略引入相辅相成的五大支柱，并为支持预防和减少粮食损失和浪费提供了系统方法。

4.2　五大支柱

　　本书得到了一项行动计划的支持，该计划强调了实现五大支柱的目标、期限和行动（图 4 - 1）。

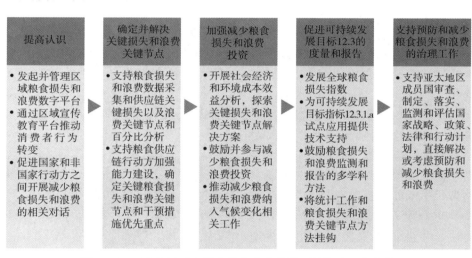

图 4 - 1　亚太地区减少粮食损失和浪费的区域战略五大支柱

4.2.1　支柱 1：提高对预防和减少粮食损失和浪费的认识，促进国家和非国家行动方建立合作与伙伴关系

　　支柱 1 重点提高人们对从生产到批发环节粮食损失程度、类型、影响和解决方案的认识；推动国家和非国家行动方在预防和减少粮食及食物浪费方面开展合作与建立伙伴关系。

　　干预领域包括通过粮食损失和浪费知识平台发起和管理区域宣传教育活动，以推动供应链行动方和消费者的行为转变。上述措施解决了各方共享粮食损失和浪费程度、类型、影响和解决方案数据的协商问题。通过举办区域、国家和地方层面的线下和线上活动，包括粮农组织和其他各方在方法工具方面的能力建设活动，解决关于预防和减少粮食浪费的知识转让问题。

行动可包括：

（1）提高对国家粮食损失指数和全球粮食损失指数的认识和能力建设，以此作为各国监测和报告可持续发展目标指标 12.3.1 进展情况的手段；

（2）通过粮食和水产品损失电子学习课程以及其他方法工具，提高对粮农组织关键损失节点案例研究方法的认识和开发能力。这些手段有助于各国政府和非国家行动方完善实证基础并跟踪可持续发展目标指标 12.3.1.a 的进展情况；

（3）推动和促进国家和非国家行动方建立协作和伙伴关系：

提高粮农组织亚太成员国对合作机遇的认识，鼓励其在可持续和富有韧性的粮食体系下开展合作，减少粮食损失和浪费。

落实以建设区域粮食损失和浪费平台为导向的综合行动，支持可持续发展目标 12.3，整合支柱 2、3、4 和 5 的知识和成果。该平台将与粮农组织衡量和减少粮食损失和浪费技术平台开展协作，推动区域伙伴和利益相关方参与。在该区域的国家自主贡献范围内发布一份关于粮食损失和浪费承诺的政策简报。

提高关于粮食损失和浪费对营养影响的认识。制定框架，支持成员国回收利用并重新分配剩余粮食，以供人类消费。

与国际金融机构以及供应链和消费层面的其他合作伙伴合作，包括环境署、学术界和私营部门。与上述机构一道制定可持续发展目标 12.3.1 方法，并进行成本效益和可行性分析，确定减少粮食损失和浪费干预措施的优先重点。包括向全球冷链联盟相关国际、区域和国内会议提供资料，阐释冷链在降低粮食损失方面的重要作用，特别是果蔬等易腐产品对营养和可持续粮食体系的重要意义。

© shutterstock/1691372296

通过积极与世卫组织提出的区域"同一健康"方针和国际消费者协会等以健康和消费者为导向的组织，共享信息并协调合作，鼓励消费者参与预防和减少粮食浪费工作。例如，粮农组织与国际粮食浪费联盟关于粮食浪费的校园宣传材料可通过发展城乡学校间、私营部门间和民间团体间伙伴关系，支持粮食损失和浪费战略的支柱 2 和支柱 3（数据完善和减少粮食损失和浪费）。

通过加强与气候变化倡议和工作组的对话，告知气候融资行动方预防粮食损失和浪费、温室气体减排以及减缓和适应气候变化方面的相关机遇，推动在《巴黎协定》下作出国家自主贡献。

通过举办主题为投资机构、区域银行和发展伙伴作用的研讨会，支持更好地认识增加预防和减少粮食损失和浪费投资的必要性和作用，并加强相关知识积累。

与国家和非国家行动方及合作方一道举办区域和国家会议（线上线下会议），旨在制定创新型社会经济和技术方案，解决粮食损失和浪费问题。

4.2.2　支柱 2：确定并解决供应链关键节点和关键环节的粮食损失和浪费问题

支柱 2 关注加强粮食供应链行动方的能力建设，确定粮食损失和浪费关键节点和以干预措施为重点的方法。提高亚太各国和粮食供应链各环节，包括家庭层面的粮食损失和浪费数据的可得性和质量，将支持可持续发展目标指标 12.3.1.a 和 12.3.1.b。支柱 2 还侧重粮农组织关键损失节点方法与其他相关数据的有效联系，并通过与相关国家统计部门合作，完善国家层面粮食损失和浪费相关数据和信息的收集和验证。

政策领域包括：（1）通过粮农组织关键损失节点案例研究方法（附录 2）确定粮食损失率[⑰]及其根本原因，粮农组织《粮食及农业状况》报告[⑱]将该方法视为行之有效的数据来源；（2）宣传粮农组织适用于所有食物供应链关键损失节点方法的网络课程，同时提供渔业部门的网络特别课程。粮农组织关键损失节点案例研究方法涵盖从收获到批发零售的各个环节，包括确定粮食浪费关键节点及其根本原因的可行性；（3）与利益相关方协商，并出版技术简报，阐述粮食损失和浪费减量方法，以及国家和非国家行动方在数据收集和分析方面所取得的成果。

行动可包括：

（1）推动区域粮食损失和浪费平台举办多方利益相关者磋商，推动关于粮食损失和浪费数据质量、可得性、国家和地区重点的知识共享；

（2）根据国家和地方行动方所提出的工作重点和指导，采用关键损失节点等方法，为区域和国家提供粮食损失和浪费原因、数量和影响（社会、环境和经济影响）的证

© shutterstock/Jeremy W Moore

明材料；

（3）支持成员国确定和解决其优先考虑的粮食供应链中的关键损失节点问题，以及如何编制数据并将其纳入可持续发展目标 12.3；

（4）探索与其他组织和区域伙伴合作的可行性，积累关于减少粮食损失和浪费技术和社会经济方案的知识并提供相关信息；

（5）加强经验分享，明确造成粮食损失和浪费的直接和间接原因，增加相关投资；

（6）通过在区域粮食损失和浪费平台上共享知识，如就食品银行进行磋商，促进和推动知识交流，探讨粮食损失和浪费的回收利用和再分配，生产供人类食用的安全和营养食品。与区域和国际食品银行网络以及国家倡议建立伙伴关系，促进和鼓励粮食再利用和再分配的扩大和完善，将是支持实现这一战略目标的有效手段；

（7）支持和鼓励将预防和减少粮食损失和浪费纳入粮食体系和价值链方案和项目，支持政策连贯性并取得多目标成就，如环境、社会经济、粮食安全和治理。

4.2.3　支柱 3：加大预防和减少粮食损失和浪费方面的投资力度

支柱 3 关注根据国家、地方和食品企业经营者的目标，对预防和减少粮食损失和浪费进行投资。

政策领域包括与国家和非国家行动方开展有效合作，根据可指导投资决策的证据评估权衡，如成本效益分析结果。应与农发基金、亚行、世界银行和荷兰合作银行等国际金融机构就预防和减少粮食损失和浪费问题进行磋商。

行动可包括：

（1）为支持气候变化目标、降低气候变化影响，制定并完善衡量和减少粮食损失和浪费影响的方法；

（2）支持粮食损失和浪费技术和投资并贡献真知灼见，预防并减少粮食损失和浪费；

（3）支持成员国为实现经济、社会和环境目标而对减少粮食损失和浪费做出权衡取舍；

（4）在有效减少粮食损失的投资方案和项目中推动加强市场准入、仓储、物流、基础设施和加工设施建设。可包括完善基础设施供应、改进收获、作物储存、深加工和保鲜技术和流程，以及拓宽市场准入；

（5）通过绿色气候基金和全球环境基金等融资机制，将粮食损失和浪费纳入旨在增进环境效益的项目中，并开发减少粮食损失和浪费的配套工具，将其作为粮食体系转型和土地利用恢复办法的组成部分；

© shutterstock/corners74

（6）参与区域和全球私营部门倡议，促进企业间合作，以完善粮食损失和浪费数据并推动落实解决方案；

（7）夯实商业案例的实证基础，推动制定针对特定商品和部门的粮食损失和浪费政策。召开区域国家和非国家行动方磋商会议，探索并记录区域粮食损失和浪费经验教训；

（8）积极同区域国际金融机构和开发银行及农业银行合作，加强其对加大粮食减损投资、支持大规模投资必要性的认识，如粮农组织为非行所进行的产后管理投资（价值 15 亿美元），以及世界银行在粮食损失和浪费债券项目下所开展的工作；

（9）探索与私营部门建立创新型伙伴关系，如与荷兰合作银行基金会开展创新挑战项目合作，推动社会和技术变革，预防和减少粮食损失和浪费。

4.2.4　支柱 4：监测并推动国家和区域落实可持续发展目标 12.3

支柱 4 关注可持续发展目标 12.3 和指标 12.3.1.a，以及由粮农组织统计司编制的国家粮食损失指数和全球粮食损失指数。该方法可利用粮食资产负债表衡量和模拟各国粮食损失。然而，各区域间国家粮食损失统计数据获取情况大相径庭，且数据存量还远远不够。

衡量粮食损失和浪费以及推行国家粮食损失指数的挑战之一在于，要清晰且共同理解数据诉求，包括如何确定产品的优先次序，以及在数据收集、直接衡量方法方面，国家能够或应该采取何种数据组合，以有效开展优质的粮食损失和浪费评估。了解一种商品的供应链和关键损失节点的重要性，对于高效收集和评估数据以编制指数至关重要。

粮农组织亚太区域办事处积极参与并支持成员国衡量和监测可持续发展目标指标 12.3.1.a，衡量和监测方法包括：技术合作计划、完善农业和农村统计全球战略、《产中和产后损失测算准则》（该准则为粮食和谷物产后损失准则，其他粮食作物类别的准则正在制定中）等。

行动可包括：

（1）通过有针对性的培训、技术援助和测试数据采集与估算方法试点，支持在亚太地区发布全球粮食损失指数和国家粮食损失指数。与支柱 2 和支柱 3 产生协同作用，对于确定需求和提供及时的专业技术支持和咨询建议至关重要；

（2）支持各国政府提升对可持续发展目标指标 12.3.1.a 的监测和报告能力，特别是粮食损失指数；

（3）加强衡量亚太地区粮食损失和浪费的气候变化影响，为国家自主贡献的目标修订和监测系统提供信息，并加大粮食减损投资；

（4）推广粮农组织关键损失节点案例研究方法，收集关于发展中国家粮食减损的原因和所需投资的基本数据。该方法是开发和验证粮食损失和浪费数据的关键方法之一，也是仅有的超越评估、查找损失根源、确定能力和需求的方法之一，包括成本效益分析和投资。将营养损失纳入定量损失测量将有助于更有针对性地采取营养干预措施。编制可持续发展目标指标 12.3.1.a 也极大受益于与这一方法产生的协同作用；

（5）就如何采纳、应用和调整国家数据的采集和分析方法，为各国提供有针对性的专业技术支持，以提供 7～8 种特定重要农产品的统计代表性数据。及时提供统计、分析和粮食体系综合性支持至关重要，包括将这一数据分享给同样受益于粮食减损的私营部门供应链行动方；

© shutterstock/Mr. Kosal

（6）参与编写粮农组织关于可持续发展目标指标 12.3.1 和目标 2（零饥饿）的企业能力发展材料并作出贡献。亚太地区需加大更新和完善数据的投资，支持利用预防和减少粮食损失和浪费的有效方法。

4.2.5　支柱 5：支持粮农组织亚太区域成员国针对预防和减少粮食损失和浪费制定并实施协调一致的治理框架

支柱 5 关注机构能力建设，推动预防和减少粮食损失和浪费的行为转变；告知国家行动方粮食生产的经济、社会和环境代价以及可从预防和减少粮食损失和浪费中获得的益处，包括气候变化缓解和适应措施。

干预领域包括技术和治理磋商及出版物，科学阐释预防和减少粮食损失和浪费与国家层面关于气候变化、改善粮食安全和可持续粮食体系承诺之间的联系。上述措施有助于创造机遇，将明确确定的预防和减少粮食损失和浪费的目标、战略和方案纳入国家或地方计划，也可为国内外投资者提供指导。干预措施还包括支持亚太地区成员国审阅、草拟、实施、监测和评估直接或间接解决粮食损失和浪费问题的国家战略、政策、法律和行动计划。

© shutterstock/Curioso.Photography

行动可包括：

（1）通过粮食损失和浪费区域平台加强减少和预防粮食损失和浪费治理的知识共享；

（2）支持成员国就可持续发展目标12.3加强多部门参与和治理；

（3）根据《粮农组织关于亚洲及太平洋地区减少粮食损失和浪费的区域战略》中其他四大支柱所产生和完善的依据，为区域和国家层面审查、设计和实施粮食减损战略、政策、法律和行动计划提供技术支持。还应支持政府和非国家行动方根据多项政策目标评估优先重点的审查和决策进程。目标可能包括促进经济发展、为小规模粮食生产提供投资支持，以推动创收、改善营养和粮食安全以及减缓和适应气候变化；

（4）加强机构能力建设，并就可持续发展目标指标12.3.1.a展开合作。该指标采用了一种新型衡量方法，需建立跨部委和多利益相关方合作机制。应促进东盟和南盟等区域机构之间的合作，并参加粮食损失和浪费相关区域和国际活动，不仅有助于提高认识，也可促进多部门和机构合作。例如，需加强农业粮食部门与相关统计和卫生及消费者主管部门之间的协作，并认识到按产品分类的关键损失节点上的损失百分比数据可作为支持私营部门解决方案的重要推广工具；

（5）基于《粮农组织关于亚洲及太平洋地区减少粮食损失和浪费的区域战略》中其他四大支柱的产出，提供多学科政策简报、报告并开展能力建设。这将有助于区域和区域间的知识转让和合作，以促进社会经济和技术创新，并在城乡推广从生产至消费环节的解决方案。

第 5 章　结论及未来行动

©shutterstock/aboikis

　　粮食损失和浪费是亚太地区关切的重大问题。2019 年，粮农组织估计，澳大利亚和新西兰的粮食损失率在 5%～6%，中亚和南亚为 20%～21%。此外，粮食浪费指数报告强调，东南亚只有 10 个国家拥有从零售至家庭消费环节的粮食浪费数据点。全球评估指出，2019 年约产生 9.31 亿吨粮食浪费，其中 61% 来自家庭消费，26% 来自餐饮服务，13% 来自零售环节[⑬]。

　　迄今为止，本地区成员国在这一问题上的沟通协调和信息交流十分有限，因此，需及时制定内容翔实、多行动方参与、多学科协作的《粮农组织关于亚洲及太平洋地区减少粮食损失和浪费的区域战略》。

　　亚太地区的粮食体系丰富多样，且粮食损失和浪费问题十分严峻。粮食损失和浪费造成了粮食的经济价值和营养价值损失，导致粮食数量缩减，收入和投资回报降低，进而对粮食供应量产生影响。同时，各年龄段的超重和过度肥胖问题日益严峻，相伴而生的还有改善全球 4.79 亿食物不足人口的粮食和营养安全挑战。

　　若将粮食损失和浪费视为一个国家，其将成为全球温室气体排放的第三大来源，仅次于美国和中国。全球近 30% 的农业用地生产的粮食被白白损失或浪费所反映出的效率低下问题加剧了全球气候变化。可通过国家自主贡献寻得预防和减少粮食损失和浪费的机遇，并支持可持续发展目标 13 和《巴黎协定》的落实。粮农组织亚太组织成员国可实施互利共赢的气候融资和农产品创新项目，扭转粮食损失和浪费局面，解决气候变化和环境问题。

　　2021 年，环境署与气候和清洁空气联盟表示，减少粮食损失和浪费是最大限度降低二氧化碳排放的主要影响领域之一。在未来几十年内，通过预防各类食品的损失和浪费、完善畜牧业管理和健康饮食，每年可减少 6 500 万～8 000 万吨二氧化碳排放[⑳]。重点举措包括：完善并扩大冷链设施❶、开展消费者宣传教育，以及回收并重新分配供人类直接消费的安全和营养食品。

　　人们高度重视预防微量营养素的缺乏。粮食损失和浪费表明，减少营养不良和改善粮食安全的良机不容错失。这要求国家和非国家行动方提高对粮食损失和浪费水平、类型、影响和现有解决方案成本效益分析的认识。为此，最佳办法是完善亚太粮食损失和浪费知识平台，该平台与粮农组织及其合作伙伴所创立的"衡量和减少粮食损失和浪费技术平台"息息相关。

　　小规模粮食生产者面临着一系列挑战：采用适当的农艺方法、资金获取、市场准入以及确保订单协议中的公平谈判。以上任何一项挑战，加上下述因素均可造成粮食损失，包括：缺乏可用和可获取的食品接触材料和包装、能源、完善的加工和运输设施以及当地市场基础设施。供应链中的行动方，如批发商、零售商和食品服务机构，可进一步探索数字化和人工智能等社会技术创新技术，确保这些技术在当前和未来量化、分类和计算预防和减少粮食损失和浪费的成本效益比方面发挥重要作用。

　　许多预防和减少粮食损失和浪费的解决方案在城乡均可适用，这些方案已经过试点，并在全球范围内实现了预防和减少粮食损失和浪费的目标。解决方案适用于包括家庭在内的供应链各环节。亚太地区可完善对现有方案信息的获取渠道。解决方案将提高供应链各环节的生产率和盈利能力，预防和减少粮食损失和浪费。具体措施包括优化产后储藏技术，这些技术可提高能源使用效率或加强可再生能源利用，推动加工环节优化升级，完善运输系统，以及支持金融和市场准入。

　　亚太地区当前零散实施的现有解决方案包括通过收集网络、食品银行、食品储藏室和社会超市回收和重新分配安全营养食品，这些解决方案可加以推

---

　　❶ "包括用气候友好型物质取代氢氟碳化物来缓解气候变化的机遇"（环境署和气候和清洁空气联盟，2021）。

广。粮农组织亚太区域办事处可支持制定以行动为导向的执行、监测、评估指南和工具。粮农组织可与各国政府、城市、私营部门和民间社会组织合作，支持落实采用"减量、回收、再利用"（3R）方法的解决方案。

减少粮食损失和浪费的关键挑战包括：

- 缺乏对粮食损失和浪费范围及规模的认识；
- 需量化供应链上损失和浪费关键节点，可持续发展目标指标 12.3.1.a 和 12.3.1.b 的统计报告，以及粮食损失和粮食浪费指数；
- 粮食损失和浪费会持续影响粮食（不）安全和营养、气候变化和环境，以及社会和技术创新如何支持公共、私营部门和民间社会的行动，但人们对此缺乏认识；
- 需通过多利益相关方和多学科磋商，推动在短、中、长期内减少粮食损失和浪费，促进和推动政策和法规制定。

ⓒ shutterstock/adul24

解决这些挑战对支持成员国实现可持续发展目标 12.3 所需的政策与行动至关重要，也将直接影响其他可持续发展目标的实现，例如可持续发展目标 6（可持续水资源管理）、目标 11（可持续城市和社区）、目标 13（气候变化）、目标 14（海洋资源）和目标 15（陆地生态系统、森林、生物多样性）。

应大力提高粮食损失和浪费数据的质量和可得性，支持决策制定者加大农村基础设施投资，降低产后损失，提高营销利润⑩。粮农组织亚太区域办事处支持将该倡议纳入技术援助项目。虽然本地区一些国家已开始采取粮食减损行动，但鉴于可持续发展目标 12.3 对实现可持续发展目标 1（无贫穷）和目标 2（零饥饿）的重要意义，到 2030 年还需更加关注目标 12.3 的实现。

粮食损失和浪费数据的大幅完善可为推广预防和减少粮食损失和浪费政策提供事实依据，推动可持续发展目标 12.3 取得进展⑪。粮农组织制定的粮食损失和浪费监测报告统计方法需因地制宜，为本地区政府提供支持，确保农业、环境和卫生领域的利益相关方采用数据收集方法和多学科统计方法。

　　针对各年龄段消费者开展宣传教育对于实现消费变革至关重要。可与国家组织和政府机构合作，实现 2018 年粮农组织预防和减少在校儿童和青少年粮食浪费教学工具包的翻译本地化，惠及亚太地区。可与国家和非国家合作伙伴探讨在城乡正规和非正规环境中推进关于实施机会的协商。

　　为满足成员国需求和区域重点，该战略提供技术知识和支持，旨在弥合区域协调、知识共享和同辈学习差距，并通过上述知识和支持及时提供有关粮食损失和浪费的深刻认识和分析以及针对性指导。会员国采取针对性行动的一些领域包括：数据、方法、监测和报告工具、粮食损失和浪费对气候变化和营养影响的分析方法，以及教育工具。

　　该战略目标除了依靠粮农组织的号召力，还可通过粮农组织向亚太地区成员国提供政策、战略和技术支持加以实现。此类支持包括：开展统计培训、重视加强粮食减损气候友好型技术的供应和可得性、消费者行为转变研究和计划、投资的执行支持以及农产行业价值链上行动方和农产品的投资回报。

参考文献 REFERENCES

Adhikari S. Country report of Nepal. 2006. In: Management of fruits and vegetables in the asia – pacific region. Asian productivity organization and FAO. 2006. (18) (PDF) Postharvest horticulture in Nepal. Available from: https://www. researchgate. net/publication/ 336159585_Postharvest_horticulture_in_Nepal[Consulted on 23 November 2020].

African Union Commission. 2018. Post – harvest loss management strategy. Available at: https://au. int/sites/ default/files/documents/34934 – doc – au _ post – harvest _ loss _ management_strategy. pdf (Consulted on 25 November 2020) .

Alexander, P. , Brown, C. , Arneth, A. , Finnigan, J. , Moran, D. & Rounsevell, M. D. A. 2017. Losses, inefficiencies and waste in the globalfood system. Agricultural Systems, 153, 190 – 200.

Ali, A. & Shahnewaj. 2017. Improper Labelling of Manufacturing and Expiry Dates of Food: A Legal and Regulatory Study of Food Quality and Food Waste in Bangladesh (August 2, 2017) . Australian Journal of Asian Law, Vol. 18, No. 1, article 3, 2017, Available at SSRN: https://ssrn. com/abstract=3012403.

Anríquez, G. , Foster, W. , Santos – Rocha, J. , Ortega, J. & Jansen, S. 2019. Refining the definition of food loss and waste from an economic perspective: producers, intermediaries, and consumers as key decision makers. Santiago, Department of Agricultural Economics, Pontifical Catholic University of Chile.

APEC Multi – Year Project: MSCE 022013A (Strengthening Public – Private Partnership to Reduce Food Losses in the Supply Chain) . 2018. Available at: https://www. apec. org/ Publications/2018/09/APEC – Survey – Report – on – Feasible – Solutions – for – Food – Loss – and – Waste – Reduction.

Asian Productivity Organization. 2006. Reports of the APO seminar on Reduction of Postharvest Losses of Fruit and Vegetables held in India, 5 – 11 October 2004 and Marketing and Food Safety: Challenges in Postharvest Management of Agricultural/ Horticultural Products in Islamic Republic of Iran, 23 – 28 July 2005. Available at: https:// www. apo – tokyo. org/00e – books/AG – 18_PostHarvest/AG – 18_ PostHarvest. pdf # page=19 (Consulted on 25 November 2020) .

Aulakh, J. , & Regmi, A. 2013. Post – harvest food losses estimation – development of consistent methodology. *In Selected Poster Prepared for Presentation at the Agricultural&Applied Economics Association's* 2013AAEA&CAESJoint Annual Meeting.

Australian Government. 2017. National Food Waste Strategy. Halving Australia's Food Waste by 2030.

Barrera, E. L. & Hertel, T. 2020. Global food waste across the income spectrum: Implications for food prices, production and resource use. Food Policy, p. 101874. https://www. sciencedirect. com/science/article/pii/S0306919220300762.

Baig, M. , Al－Zahrani, H. , Schneider, F. , Straquadine, G. , & Mourad, M. 2019. Food waste posing a serious threat to sustainability in the Kingdom of Saudi Arabia－A systematic review, Saudi Journal of Biological Sciences, Volume 26, Issue 7, 2019, Pages 1743－1752, ISSN 1319－562X, https://doi. org/10. 1016/j. sjbs. 2018. 06. 004.

Bharucha, J. 2018. "Tackling the challenges of reducing and managing food waste in Mumbai restaurants", British Food Journal, Vol. 120 No. 3, pp. 639－649. https://doi. org/10. 1108/BFJ－06－2017－0324.

Cattaneo, A. , Sánchez, M. V. , Torero, M. and Vos, R. , 2021. Reducing food loss and waste: Five challenges for policy and research. Food Policy, 98, p. 101974.

Chege, C. and Carson, M. 2017. Food Loss and Waste Africa, Intelligence Report 9. The Rockefeller Foundation. Dalberg Intelligence. Available at: https://dalberg. com/wp－content/uploads/2017/06/ FOOD－LOSS－QUARTERLY－VOL9. pdf (Consulted on 25 November 2020) .

Chen, C. , Chaudhary, A. & Mathys, A. 2020. Nutritional and environmental losses embedded in global food waste. Resour. Conserv. Recycl. 2020, 160, 104912.

Cheng, S. K. & Dasimapianzi, Dasimapianzi & Xu, Zengrang & Tang, Chengcai & Wang, Lingen & G. C. , Dhruba. 2012. Food waste in catering industry and its impacts on resources and environment in China (Chinese with English abstract) . China Soft Sci. 7. 106－114.

Cheng, S. , Jin, Z. & Liu, G. 2018. China's Urban Food Waste Report; WWF－China: Beijing, China, 2018.

Chinese Academy of Sciences. 2017. China Must Cut Its Wasteful Ways. In Chinese Academy of Sciences [online]. [Consulted on 01 October 2021]. Available at: http://english. cas. cn/newsroom/archive/research_archive/rp2017/201702/t20170203_173783. shtml.

Cicatiello, C. , Franco, S. , Pancino, B. , & Blasi, E. 2016. The value of food waste: An exploratory study on retailing. Journal of Retailing and Consumer Services, 30, 96－104.

Clark, M. A. , Domingo, N. G. , Colgan, K. , Thakrar, S. K. , Tilman, D. , Lynch, J. , Azevedo, I. L. & Hill, J. D. 2020. Global food system emissions could preclude achieving the 1. 5° and 2° C climate change targets. Science, 370 (6517), pp. 705－708.

Clercq, D. D. , Wen, Z. , & Fan, F. 2017. Performance evaluation of restaurant food waste and biowaste to biogas pilot projects in China and implications for national policy. Journal of environmental management, 189, 115－124.

Corrado, S. , Ardente, F. , Sala, S. , & Saouter, E. 2017. Modelling of food loss within life cycle assessment: From current practice towards a systematisation. Journal of cleaner production，140，847 - 859.

Craig E Landry，Travis A Smith 2019. Demand for Household Food Waste，Applied Economic Perspectives and Policy，Volume 41，Issue 1，March 2019，Pages 20 - 36，https：//doi. org/10. 1093/aepp/ppy037.

Crumpler, K. , Dasgupta, S. , Federici, S. , Meybeck, M. , Bloise, M. , Slivinska, V. , Salvatore, M. , Damen, B. , Von Loeben, S. , Wolf, J. and Bernoux, M. 2020. Regional analysis of the nationally determined contributions in Asia - Gaps and opportunities in the agriculture and land use sectors. Environment and Natural Resources Management Working Paper No. 78. Rome，FAO. https：//doi. org/10. 4060/ca7264en.

Delgado, L. , Torero, M. and Schuster, M. 2020. Clarifying the problem of food loss and waste to improve food and nutrition security. Available at：https：//www. g20 - insights. org/ policy_briefs/clarifying - the - problem - of - food - loss - and - waste - to - improve - food - and - nutrition - security/.

Delgado, L. , Schuster, M. & Torero, M. 2017. Reality of Food Losses：A New Measurement Methodology.

Deloitte. 2015. Reducing Food Loss Along African Agricultural Value Chains. Available at：https：//www2. deloitte. com/content/dam/Deloitte/za/Documents/consumer - business/ ZA_FL1_ ReducingFoodLossAlongAfricanAgriculturalValueChains. pdf.

Dhaka Tribune, ODI, Yale University & Youth Policy Forum. 2020. Targeting Covid - 19 relief payments in Bangladesh.（Consulted on 28 October 2020）Available at：www. eventbrite. com/e/targeting - covid - 19 - reliefpayments - in - bangladesh - tickets - 104240911372♯.

Dickella, P. , Liu, C. , Watabe, A. Sahakian, M. , Soma, T. , Shenoy, M. , Favis, A. , Saloma - Akpedonu, C. , & Yagasa, R. 2020. Apprehending food waste in Asia：Policies，practices and promising trends（Published in Routledge Handbook of Food Waste. 2020，p. 187 - 206）.

Dou, Z. , Ferguson, J. D. , Galligan, D. T. , Kelly, A. M. , Finn, S. M. , & Giegengack, R. 2016. Assessing US food waste and opportunities for reduction. Global Food Security，8，19 - 26.

El Bilali, H. and Ben Hassen, T. 2020. Food Waste in the Countries of the Gulf Cooperation Council：A Systematic Review. Foods，9（4），p. 463.

Environment Department. 2010. Bangkok waste management ［in Thai］. The Bangkok Metropolitan Administration.

Environment Department. 2018. How the garbage and waste in Bangkok have been handled in the upstream，midstream and downstream ［in Thai］. The Bangkok Metropolitan Administration.

European Commission. 2017. Notice of 16. 10. 201 7 EU guidelines on food donation. Available at：https：europa. eu/food/sites/food/files/safety/docs/fw _ eu - actions _ food - donation_eu - guidelines_en. pdf（Consulted on 25 November 2020）.

Every Meal Matters. 2020. Food donation guidelines. Available at: https://www. fooddrinkeurope. eu/ uploads/publications_documents/6 194_FoodDrink_Europe_Every_Meal_Matters_screen. pdf (Consulted on 25 November 2020).

Fabi, C. & English, A. 2018. Methodological proposal for monitoring SDG target 12. 3. The global food loss index design, data collection methods and challenges. FAO, Rome, Italy. Available at: http://www. fao. org/3/CA2640EN/ca2640en. pdf (Consulted on 18 October 2019).

FAO. 2011. Global food losses and food waste – Extent, causes and prevention. Rome, FAO. 29 pp. (also available at: http://www. fao. org/docrep/014/mb060e/mb060e00. pdf).

FAO. 2013. Food Wastage Footprint: Impacts on Natural Resources. FAO, Rome, Italy.

FAO. 2014a. Methodology – Food Loss Analysis: Causes and Solutions. Case studies in the Small – scale Agriculture and Fisheries Subsectors.

FAO. 2014b. Working Paper – Definitional Framework of Food Loss.

FAO. 2014c. Global Initiative on Food Loss and Waste Reduction.

FAO. 2014d. Mitigation of Food Wastage Societal Costs and Benefits. Rome, FAO.

FAO. 2015a. Technical manual for the construction and use of family – sized metal silos to store cereals and grain legumes, by Mejía – Lorío, D., Howell, M. & Arancibia, A. Rome, Italy.

FAO. 2015b. State of Food Insecurity in the World 2015. FAO, Rome, Italy.

FAO. 2015c. Regional strategic Framework Reducing Food losses and waste in the near east and North Africa region.

FAO. 2015d. Food Wastage Footprint and Climate Change. Rome, FAO.

FAO. 2016. Food Loss Analysis: Causes and Solutions. Case studies in the Small – scale Agriculture and Fisheries Subsectors. Methodology.

FAO. 2018a. Save Food Launched in China.

FAO. 2018b. Food loss analysis: causes and solutions – Case study on the maize value chain in the Democratic Republic of Timor – Leste. Rome. 44 pp. Licence: CC BY – NC – SA 3. 0 IGO. Available at: http://www. fao. org/3/BU679EN/bu679en. pdf (Consulted on 10 November 2020).

FAO. 2018d. Food loss analysis: causes and solutions – Case study on the mango value chain in the Republic of India. Rome. 58 pp. Licence: CC BY – NC – SA 3. 0 IGO. Available at: http://www. fao. org/3/BU688EN/bu688en. pdf (Consulted on 09 November 2020).

FAO. 2018a. Food Loss and Waste and the Right to Adequate Food: Making the Connection. FAO, Rome, 48pp. Licence: CC BY – NC – SA 3. 0 IGO.

FAO. 2019. The State of Food and Agriculture 2019. Moving forward on food loss and waste reduction. Rome. Licence: CC BY – NC – SA 3. 0 IGO.

FAO. 2020a. Food loss and waste in fish value chains. In: FAO [online]. [Cited 18 March 2020]. www. fao. org/flw – in – fish – value – chains/en/.

FAO. 2020b. The State of World Fisheries and Aquaculture 2020. Sustainability in action. Rome. https：//doi. org/10. 4060/ca9229en.

FAO. 2020c. Impact of COVID－19 on informal workers. Available at：http：//www. fao. org/3/ca8 560en/CA8560EN. pdf (Consulted on 25 November 2020) .

FAO. 2020d. The impact of COVID－19 on food and agriculture in Asia and the Pacific and FAO's response http：//www. fao. org/3/nd476en/nd476en. pdf (Consulted on 25 November 2020) .

FAO. 2020e. The State of World Fisheries and Aquaculture 2020. Sustainability in action. Rome. Available at：https：//doi. org/10. 406 0/ca9 229en (Consulted on 25 November 2020) .

FAO, UNICEF, WFP and WHO. 2021. Asia and the Pacific Regional Overview of Food Security and Nutrition 2020：Maternal and child diets at the heart of improving nutrition. Bangkok, FAO.

FAO/LEI. 2015. Potential impacts on sub－Saharan Africa of reducing food loss and waste in the European Union－A focus on food prices and price transmission effects，by Rutten, M. , Verma, M. , Mhlanga, N. & Bucatariu, C. Rome, Italy.

FAO, IFAD, UNICEF, WFP and WHO. 2019. The State of Food Security and Nutrition in the World 2019. Safeguarding against economic slowdowns and downturns. Rome, FAO. Licence：CC BY－NC－SA 3. 0 IGO.

FAO and WHO. 2019. Sustainable healthy diets－Guiding principles. Rome. Available at：http：//www. fao. org/3/ca6 640en/ca6 640en. pdf (Consulted on 14 November 2020) .

Feedback. 2015. Food waste in Kenya uncovering food waste in the horticultural export supply chain. Available at：https：//feedbackglobal. org/wp－content/uploads/2015/07/Food－Waste－in－Kenya_ report－by－Feedback. pdf.

Flanagan, K. , Robertson, K. & Hanson, C. 2019. Reducing Food Loss and Waste：Setting a Global Action Agenda. WRI Publications. 10. 468 30/wrirpt. 18. 001 30.

Feed Africa. Strategy for agricultural transformation in Africa 2016－2025. 201 6. Available at：https：//www. afdb. org/fileadmin/uploads/afdb/Documents/Generic－Documents/Feed_Africa－_Strategy_for_Agricultural_Transformation_in_Africa_2016－2025. pdf (Consulted on 25 November 2020) .

Fox, E. L. , Davis, C. , Downs, S. M. , Schultink, W. and Fanzo, J. , 2019. Who is the woman in women's nutrition? A narrative review of evidence and actions to support women's nutrition throughout life. Current developments in nutrition，3 (1) , p. nzy076.

Galford, G. L. , Peña, O. , Sullivan, A. K. , Nash, J. , Gurwick, N. , Pirolli, G. , Richards, M. , White, J. & Wollenberg, E. 2020. Agricultural development addresses food loss and waste while reducing greenhouse gas emissions, Science of The Total Environment，Volume 699，2020，134318. ISSN 0048－9697，https：//doi. org/10. 1016/j. scitotenv. 2019. 134318.

Global Food Banking Network. 2015. 10 Things You Should Know about GFN's New Member Food Bank in Shanghai. Retrieved from https：//www. foodbanking. org/10－things－you－should－know－about－gfns－new－member－food－bank－in－shanghai〔Consulted on 1

Oct 2018].

Global Food Banking Network. 2018. The Global FoodBanking Network Welcomes its First Member from Mainland China. Retrieved from https://www. foodbanking. org/the – global – foodbanking – network – welcomes – its – first – member – from – mainland – china [Consulted on 1 Oct 2018].

Global Panel on Agriculture and Food Systems for Nutrition. 2018. Preventing nutrient loss and waste across the food system: Policy actions for high – quality diets. Policy Brief No. 12. London, UK.

Goldwater, A. A. , Lacap, A. T. , Lubaton, C. D. S. , Monterde, V. G. , Benitez, V. M. M. , Valida, A. D. , Sudaria, E. E. , Joyce, U. D. , San Tram, A. , Mott, K. & Perkins, M. 2019. project Improved postharvest management of fruit and vegetables in the Southern Philippines and Australia. Available at: https://aciar. gov. au/sites/default/files/project – page – docs/final_report_hort – 2012 – 098. pdf.

Government of Nepal. 2015. Constitution of Nepal, 2015. Constitution Secretariat, Singh Durbar, Nepal.

Grandhi, B. & Singh, J. A. 2016. What a Waste! A Study of Food Wastage Behavior in Singapore, Journal of Food Products Marketing, 22: 4, 471 – 485, DOI: 10. 1080/ 10454446. 2014. 885863.

Gu, B. , Wang, H. , Chen, Z. , Jiang, S. , Zhu, W. , Liu, M. , Chen, Y. , Wu, Y. , He, S. , Cheng, R. , Yang, J. & Bi, J. 2015. Characterization, quantification and management of household solid waste: A case study in China. Resources, Conservation and Recycling, 98, 67 – 75.

Gu, W. 2014. Beijing's Corruption Crackdown is a Boon for Bargain – Hunting Chinese. Wall Street Journal. Retrieved from https://www. wsj. com/articles/no – headline – available – 1389868562 [Consulted on 1 Oct 2018].

Hanson, C. & Mitchell, P. 2017. The Business Case for Reducing Food Loss and Waste. Washington, DC: Champions 12. 3. Available at: https://champions123. org/sites/default/ files/2020 – 08/business – case – for – reducing – food – loss – and – waste. pdf (Consulted on 09 November 2020) .

Hatton, C. 2013. Operation Empty Plate: China's food waste campaigner. BBC News, Beijing. Retrieved from https://www. bbc. com/news/world – asia – china – 21711928 [14 Sep 2018].

High – Level Panel of Experts on Food Security and Nutrition of the Committee on World Food Security (HLPE) . 2014. Food losses and waste in the context of sustainable food systems, Rome.

High – Level Panel of Experts on Food Security and Nutrition of the Committee on World Food Security (HLPE) . 2017. Nutrition and food systems. Rome. Available at: http://www. fao. org/3/a – i7 846e. pdf (Consulted on 16 November 2020) .

Hirvonen, K. , de Brauw, A. and Abate, G. T. 2021. Food Consumption and Food Security during the COVID-19 Pandemic in Addis Ababa. Amer. J. Agr. Econ. , 103: 772-789. https://doi. org/10. 1111/ajae. 12206.

Hu, X. , M. Zhang, J. Yu, and G. Zhang. 2012. Food waste management in China: status, problems and solutions (in Chinese) . Acta Ecologica Sinica 32 (14): 4575-4584.

International Fund for Agricultural Development (IFAD) . 2019. The Food Loss Reduction Advantage: Building sustainable food systems. Rome. www. ifad. org/documents/38714170/ 41335091/food_loss_advantage. pdf/373e787f - fc6f - 0 426 - eea0 - d730f79d38c3.

International Labour Organization (ILO) . 2020. COVID-19 and the impact on agriculture and food security. Available at: https://www. ilo. org/wcmsp5/groups/public/--- ed_dialogue/--- sector/documents/briefingnote/wcms_ 742023. pdf (Consulted on 25 November 2020) .

Islam, M. S. & Kieu, E. 2020. Tackling Regional Climate Change Impacts and Food Security Issues: A Critical Analysis across ASEAN, PIF and SAARC. Sustainability, 12 (3), p. 883.

Jörissen J, Priefer C, Bräutigam K - R. 2015. Food Waste Generation at Household Level: Results of a Survey among Employees of Two European Research Centers in Italy and Germany. Sustainability: 7 (3): 2695-2715. https://doi. org/10. 3390/su7032695.

Kaza, S. , Yao, L. , Bhada - Tata, P. and Van Woerden, F. , 2018. What a waste 2. 0: a global snapshot of solid waste management to 2050. World Bank Publications.

Le Roux, B. , Van derLaan, M. , Vahrmeijer, T. , Annandale, J. G. & Bristow, K. L. 2018. Water footprints of vegetable crop wastage along the supply chain in Gauteng, South Africa. Water, 10 (5), p. 539.

Lee, W. , Paratore, G. , Tung J. 2019. Evaluation of Micronutrient Losses from Postharvest Food Losses (PHL) in Kenya, Cameroon and India - Implications on Micronutrient Deficiencies in Children Under 5 years of age. FAO 2019 (forthcoming) .

Leung, H. 2015. "No Doggy Bag Please: Chinese Attitudes on Food Waste"Master's thesis, Royal Roads University, Victoria, Canada.

Lin, F. , Yang, Z. C. and Jia, T. , 2016. Optimal pricing and ordering policies for non instantaneous deteriorating items with price dependent demand and maximum lifetime. In Proceedings of the 6th international Asia conference on industrial engineering and management innovation (pp. 411-421) . Atlantis Press, Paris.

Lipinski, B. , Hanson, C. , Lomax, J. , Kitinoja, L. , Waite, R. & Searchinger, T. 2013. Reducing Food Loss and Waste. Working Paper. World Resources Institute, 22. Retrieved from: http://pdf. wri. org/reducing_food_loss_and_waste. pdf.

Liu, C. & Nguyen, T. T. 2020. Evaluation of Household Food Waste Generation in Hanoi and Policy Implications towards SDGs Target 12. 3. Sustainability, 12 (16), p. 6565. https:// www. mdpi. com/2071 - 1050/12/16/6565.

Liu, C. , Hotta, Y. , Santo, A. , Hengesbaugh, M. , Watanabe, A. , Totoki, Y. , Allen, D. &

Bengtsson, M. 2016. Food waste in Japan: Trends, current practices and key challenges, Journal of Cleaner Production, Volume 133, 2016, Pages 557 – 564, ISSN 0959 – 6526, https://doi.org/10.101 6/j.jclepro.2016.06.026.

Liu, G. 2014. Food Losses and Food Waste in China: A First Estimate. OECD Food, Agriculture and Fisheries Papers, No. 66, OECD Publishing. Available at: http://dx.doi.org/10.1787/5jz5sq5173lq – en.

Liu, G., Liu, X. & Cheng, S. 2013. "Food Security: Curb China's Rising Food Wastage" Nature 498. At: http://www.nature.com/nature/journal/v498/n7453/full/498170c.html.

Liu, X., Tang, O., & Huan, P. 2008. Dynamic pricing and ordering decision for the perishable food of the supermarket using RFID technology Asia Pac. J. Mark. Logist., 20 (2008), pp. 7 – 22.

Magistad, M. A. 2013. No – waste lunch: China's "Clean Your Plate" campaign. Public Radio International (PPI) 's The World. Retrieved from https://www.pri.org/stories/2013 – 07 – 22/no – waste – lunch – chinas – clean – your – plate – campaign [1 Oct 2018].

Martin – Rios, C., Zizka, L., Varga, P. and Pasamar, S., 2020. KITRO: technology solutions to reduce food waste in Asia – Pacific hospitality and restaurants. Asia Pacific Journal of Tourism Research, 25 (10), pp. 1128 – 1135.

Min, H. 2015. Local NGO sets up first food bank in the city. Shanghai Daily. Retrieved from https://archive.shine.cn/metro/society/Local – NGO – sets – up – first – food – bank – in – the – city/shdaily.shtml [1 Oct 2018].

Ministry of Agricultural Development (MoAD) **, Government of Nepal.** 2013. Agricultural Policies. Ministry of Agriculture Development, Government of Nepal.

Ministry of Agricultural Development (MoAD) **, Government of Nepal.** 2014. Agriculture Development Strategy (ADS), Ministry of Agricultural Development, Government of Nepal.

Mirosa, M., Yip, R. & Lentz, G. 2018. Content Analysis of the 'Clean Your Plate Campaign' on Sina Weibo. Journal of Food Products Marketing, 24 (5), 539 – 562.

Neff, R. A., Spiker, M., Rice, C., Schklair, A., Greenberg, S. and Leib, E. B. 2019. Misunderstood food date labels and reported food discards: A survey of US consumer attitudes and behaviors. Waste management, 86, pp. 123 – 132.

Oelofse, S., Nahman, A., Barjees Baig, M., Salemdeeb, R., Nizami, A – S. & Reynolds, C. 2020. ORCID: 0000 – 0002 – 1073 – 7394 (2020). Food Waste Within South Africa and Saudi Arabia. In: Routledge Handbook of Food Waste. (pp. 207 – 224). Routledge. ISBN 9781138615861.

Okawa, K. 2015. (2015 – 03 – 05), "Market and Trade Impacts of Food Loss and Waste Reduction", OECD Food, Agriculture and Fisheries Papers, No. 75, OECD Publishing.

Panuwat, O. 2016. Garbage and waste management in Bangkok and the Community Base Solid Waste Management (CBM) [in Thai]. Environment Department, The Bangkok Metropolitan

Administration.

Papargyropoulou, E. , Lozano, R. , Steinberger, J. K. , Wright, N. & bin Ujang, Z. 2014. The food waste hierarchy as a framework for the management of food surplus and food waste. Journal of Cleaner Production，76，106－115.

Parfitt, J. , Barthel, M, & Macnaughton, S. 2010. Food waste within food supply chains: quantification and potential for change to 2050. Philosophical Transactions of the Royal Society B: Biological Sciences，365（1554），3065－3081.

Porpino, G. , Parente, J. & Wansink, B. 2015. Food waste paradox: Antecedents of food disposal in low income households. International Journal of Consumer Studies. 39. 10. 1111/ ijcs. 12207.

Post－harvest Management Directorate. 2017. Annual Report. Post－harvest Management Directorate，Ministry of Agriculture Development，Nepal.

Ronzon T. , Lusser M. , Klinkenberg M.（ed.）**, L. Landa, J. Sanchez Lopez**（ed.）**, R. M'Barek, G. Hadjamu**（ed.）**, A. Belward**（ed.）**, A. Camia**（ed.）**, J. Giuntoli, J. Cristobal, C. Parisi, E. Ferrari, L. Marelli, C. Torres de Matos, M. Gomez Barbero, E. Rodriguez Cerezo.** 2017. Bioeconomy Report 2016. JRC Scientific and Policy Report. EUR 28468 EN.

Saxena, Lopamudra & Tornaghi, Chiara. 2018. The Emergence of Social Supermarkets in Britain: Food poverty，Food waste and Austerity Retail.

Schuster, M. & Torero, M. 2016. "Reducing food loss and waste，"IFPRI book chapters，in: 2016 Global Food Policy Report，chapter 3，pages 22－31，International Food Policy Research Institute（IFPRI）.

Segrè, A. , Falasconi, L. , Politano, A. , & Vittuari, M. 2014. Background paper on the economics of food loss and waste.

Serafini, M. , Lee, T. K. W. , Toti, E. , Bucatariu, C. , Fonseca, J. M. , van Otterdijk, R. , 2015. Global Variations in Micronutrient Losses in the Fruit and Vegetables Supply Chains. Abstract ＃ ADMI095，P. 221. Proceedings of The 1st International Congress on Postharvest Loss Prevention: Developing Measurement Approaches and Intervention Strategies for Smallholders 2015；Rome，Italy：FAO.

Setti, M. , Falasconi, L. , Segrè, A. , Cusano, I. & Vittuari, M. 2016. Italian consumers' income and food waste behavior. British Food Journal. 118. 173 1－1746. 10. 1108/BFJ－11－ 2015－0427.

Sharma, H. B. , Vanapalli, K. R. , Cheela, V. R. S. , Ranjan, V. P. , Jaglan, A. K. , Dubey, B. , Goel, S. & Bhattacharya, J. 2020. Challenges，opportunities，and innovations for effective solid waste management during and post COVID－19 pandemic. Resources，Conservation and Recycling，162：105052.

Sheahan, M. , Barrett, C. B. 2017. Review: Food loss and Waste in Sub－Saharan Africa / Food Policy 70 （2017） 1－12.

Sinha, A. ; Sengupta, T. ; Saha, T. 2020. Technology policy and environmental quality at crossroads: Designing SDG policies for select Asia Pacific countries, Technological Forecasting and Social Change, Volume 161, 2020, 120317, ISSN 0040 - 1625, https://doi. org/10. 1016/j. techfore. 2020. 120317.

Springmann, M. , Clark, M. , Mason - D'Croz, D. , Wiebe, K. , Bodirsky, B. L. , Lassaletta, L. , De Vries, W. , Vermeulen, S. J. , Herrero, M. , Carlson, K. M. and Jonell, M. , 2018. Options for keeping the food system within environmental limits. Nature, 562 (7728), pp. 519 - 525.

Tammara Soma. 2020. Space to waste: the influence of income and retail choice on household food consumption and food waste in Indonesia, International Planning Studies, 25: 4, 372 - 392, DOI: 10. 1080/13563475. 2019. 1626222.

The Global Food Donation Policy Atlas. Available at: https://www. foodbanking. org/wp - content/uploads/2020/10/Atlas_1 - pager_ updated - Sept. - 20. pdf (Consulted on 25 November 2020).

Thi, N. B. D. , Kumar, G. & Lin, C. Y. 2015. An overview of food waste management in developing countries: current status and future perspective. Journal of Environmental Management, 157, 220 - 229.

Timmermans, A. J. M. , Ambuko, J. , Belik, W. & Huang, J. 2014. Food losses and waste in the context of sustainable food systems (No. 8). CFS Committee on World Food Security.

Torero, M. , Schuster, M and Delgado. 2019. The Reality of Food Losses: A New Measurement Methodology. Paper presented at the 38th International conference of Agricultural Economists. Vancouver August 2018.

Tsai, W. C. , Chen, X. & Yang, C. 2020, Consumer Food Waste Behavior among Emerging Adults: Evidence from China. Foods 2020, 9, 961.

United Nations Environment Programme (UNEP). 2021. Food Waste Index Report 2021. Nairobi.

United States Environmental Protection Agency (EPA). 2019a. Sustainable Management of Food Basics. Retrieved from the Environmental Protection Agency website: https://www. epa. gov/sustainable - management - food/sustainable - management - food - basics.

United States Environmental Protection Agency (EPA). 2019b. Methane Emissions from Landfills. Retrieved from the Environmental Protection Agency website: https://www. epa. gov/lmop/basic - information - about - landfill - gas.

Vanapalli, K. R. , Sharma, H. B. , Ranjan, V. P. , Samal, B. , Bhattacharya, J. , Dubey, B. K. & Goel, S. 2020. Challenges and strategies for effective plastic waste management during and post COVID - 19 pandemic. Science of The Total Environment, 750: 141514.

Wang, L. E. , Liu, G. , Liu, X. , Liu, Y. , Gao, J. , Zhou, B. , Gao, S. & Cheng, S. 2017. The weight of unfinished plate: A survey - based characterization of restaurant food waste in Chinese cities. Waste Management, 66, 3 - 12.

Wing, Y. M. , Yu, B. M. & Ming, H. W. 2018/Use of food waste，fish waste and food processing waste for China's aquaculture industry：Needs and challenge，Science of The Total Environment，Volumes 613 – 614，2018，Pages 635 – 643，ISSN 0048 – 9697，https：//doi. org/10. 1016/j. scitotenv. 2017. 08. 321.

World Business Council for Sustainable Development（WBCSD）. 2020. A Recipe to Reduce Food Loss and Waste. News article. 2020. Available at：https：//www. bcg. com/publications/2020/recipe – to – reduce – food – loss – and – waste.

World Bank. 2020. Addressing Food Loss and Waste：A Global Problem with Local Solutions Available at：https：//openknowledge. worldbank. org/bitstream/handle/10 986/34 521/Addressing – Food – Loss – and – Waste – A – Global – Problem – with – Local – Solutions. pdf? sequence＝1&isAllowed＝y（Consulted on 07 January 2020）.

Wu, J. 2012. Research on the optimization of grain reserve system based on food security thesis，Huazhong Agricultural University.

Wu, N. 2018. Analysis of China's food security situation and coping strategies［J］. Shopping mall modernization.（3）：17 – 18.

YalchT. , Lofthouse J. & Nordhagen, S. 2020. Creating alliances and fostering innovations to reduce postharvest food loss：Experiences from GAIN's Postharvest Loss Alliances for Nutrition. Global Alliance for Improved Nutrition Working Paper ♯9. Geneva，Switzerland，2020. DOI：https：//doi. org/10. 36072/wp. 9.

Yu, Y. & Jaenicke, E. C. 2020. Estimating food waste as household production inefficiency. American Journal of Agricultural Economics，102（2），pp. 525 – 547. https：//onlinelibrary. wiley. com/doi/10. 1002/ajae. 12036.

附录 1：国家和全球粮食损失
指数编制流程

编制国家粮食损失指数（可持续发展目标指标 12.3.1.a）[28]包括三个步骤：

第一步：编制各农产品损失百分比 l_{ijt}

编制该指标所需获取的首批变量包括各类农产品（j）在各个国家（i）和年份（t）的损失百分比（l_{ijt}）。损失可通过在供应链各环节展开代表性样本调查直接衡量，也可通过粮农组织提供的方法模拟生成。损失百分比是收集全部数据后得出的最终结果，也是该方法的核心。

第二步：编制国家粮食损失百分比

粮食损失百分比是一国所有农产品损失百分比的加权平均值，以产品的产值为权重依据。一国（i）一年（t）的粮食损失百分比的定义式如下：

$$FLP_{it} = \frac{\sum_j l_{ijt} \times (q_{ijt_0} \times p_{jt_0})}{\sum_j (q_{ijt_0} \times p_{jt_0})}$$

其中：

l_{ijt} 代表损失百分比（估计值或观测值）；

i＝国家、j＝产品、t＝年份；

t_0 代表基年（当前以 2015 年为基年）；

q_{ijt0} 表示按国家和产品分类的基期产量和进口量之和；

p_{jt0} 表示基期内各产品的价格（国际元）之和。

第三步：计算两个粮食损失百分比之间的比率，得出粮食损失指数

国家粮食损失指数等于该国现期与基期粮食损失百分比之比乘以 100：

$$FLI_{it} = \frac{FLP_{it}}{FLP_{it_0}} \times 100$$

其中，FLP 代表国家粮食损失百分比。

全球粮食损失指数公式和编制：各国粮食损失指数汇总

各国的粮食损失指数可在全球和区域层面分别汇总为全球粮食损失指数和区域粮食损失指数，以供国际监测。全球粮食损失指数是各国粮食损失指数的加权平均值，以各国基期农业总产值为权重依据。公式为：

$$GFLI_t = \frac{\sum_{i=1}^{G} FLI_{it} \times w_i}{\sum_{i=1}^{G} w_i} \times 100$$

其中：w_i 代表某一国家（i）在基期的农业总产值（国际元）。

同时，可将粮食损失百分比纳入全球粮食损失百分比或区域粮食损失百分比，公式和权重相同。

$$GFLP_t = \frac{\sum_{i=1}^{G} FLP_{it} \times w_i}{\sum_{i=1}^{G} w_i}$$

其中：w_i 代表某一国家（i）在基期的农业总产值（国际元）。

编制区域粮食损失指数或百分比适用同一公式。在区域层面，该公式同样适用于编制区域粮食损失指数和区域粮食损失百分比。

附录2：粮农组织粮食损失评估方法，寻求粮食供应链解决方案

有效的供应链粮食损失评估®包括数据收集和分析。粮食损失评估应采用定性和定量田间试验方法完成。评估结果可同时用于制定粮食损失解决方案。

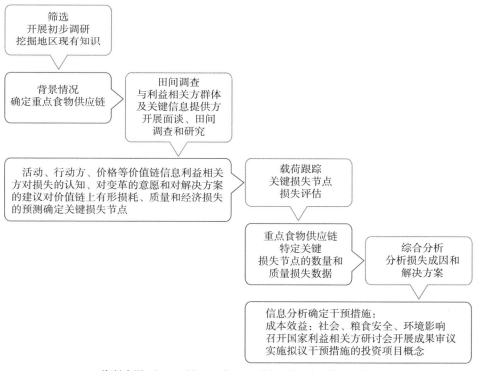

资料来源：http://www.fao.org/3/nc562en/nc562en.pdf。

方法包括：

（1）粮食损失初步筛查（筛查）

筛查可基于二手数据、文件和报告，以及以电话、邮件或会见形式咨询的专家意见，无须前往现场。

（2）粮食损失调查评估（调查）

调查涉及针对正在接受评估的供应链生产商、加工商、搬运商和销售商等知情人士开展问卷调查，辅以充分准确的观测和计量方法。

（3）载荷跟踪和采样评估（采样）

应在供应链各环节通过采样开展定量和定性分析。

（4）提出解决方案（综述）

应根据先前的评估方法，利用综合分析制定粮食损失干预计划。综述内容可以比较广泛，可囊括气候变化等日益凸显的问题。

附录3：尼泊尔：产后减损的问题、策略和行动计划

作业	问题	策略	行动计划
收获指数	尚无蔬菜成熟指数；缺乏当地和出口市场蔬菜成熟指数	开展研究，注重质量、安全和可持续性	编制成熟指数
	既定指数接受度低；价格和市场距离影响接受度	编制农民友好型收获指数，举办推广活动	通过开展培训，编写并发布手册、海报等方式，建立对合适收获指数的认识
采收方法和收获时间	粗处理；采收不及时	建立对合适方法和收获时间的认识	开展培训、传播信息和安全做法
	收获工具、设备和收获物容器不合适或设计不合理	针对收获工具和设备的设计和效率加强研发	考察访问
田间整合、分拣、分级、包装	缺乏有利于现场包装的产品现场分拣、分级和包装操作指南	制定蔬菜分拣、分级、包装操作指南；开展农民和利益相关方宣传教育	开展农民和利益相关方培训；编写和分发宣传材料
预冷却	缺乏预冷却设施	营造良好的政策环境，加强投资，成立联盟和产品集群，克服设施数量不足的限制和制约	鼓励政府补贴和私营部门投资
	对预冷却技术商业化缺乏了解；对预冷却技术成本效益缺乏了解	加强预冷却技术商业化应用的研发	要求技术援助，获取预冷却技术商业化应用的成本效益信息

（续）

作业	问题	策略	行动计划
分级	缺乏国家标准，标准执行不力	制定国家标准	通过培训和示范等方式开展评估、研发、宣传、实施和维护
	缺乏技术、知识和资金来源	能力建设	开展宣传、激励和培训活动，政府提供财政支持
采购、包装和分级设施	缺乏采收中心、包装工厂和分级设施	政府支持产业集群发展	战略选址
包装、标识和可追溯	缺乏包装技术和适宜运输、储藏并受消费者欢迎的包装材料	基于现有技术进行开发和革新	开发因地制宜且适合商业化推广的包装技术
	缺乏合理利用包装和资金的技术和认识	能力建设	提高利益相关方认知，加强激励、培训和政府财政支持，推动包装技术和材料合理利用
	包装材料的环境影响	政府规章制度	制定监管政策与法规
	缺乏适当农产品标识和可追溯体系	建立监管体系	制定适当监管政策和体系
销售	市场信息有限、营销策略欠缺	建立国家和区域信息网络体系	建设市场信息系统、制定营销策略
	市场基础设施不完善	建立各级营销中心	建设市场信息系统、制定营销策略
	无法在国内外市场销售产品	与跨国企业和公司成立战略联盟	广告宣传
运输	基础设施不完善、缺乏适当运输系统；缺乏冷藏运输设施	鼓励私营部门投资和政府政策支持	提供物流和管理服务，以降低成本，提高产品配送或运输的效率 针对建立高效适当的运输体系开展成本效益研究
	温度管理不善、装卸方式不完善	提高对运输体系恰当管理的认识	举办培训活动和研讨会，编写分发宣传材料
储藏	农场储藏设施和市场冷藏设施短缺	为投资研发创造良好的政策环境，确定储藏系统的成本效益	鼓励政府和私营部门提供资金支持 针对不同的储藏系统开展成本效益分析

（续）

作业	问题	策略	行动计划
储藏	温度、卫生条件以及储藏空间和设施不完善	建立对储藏设施正确运行和管理的认识	对储藏和设施运营者及其他操作人员开展培训
	对不同产品混合成熟和储藏的温度要求和乙烯敏感性缺乏了解	加强不同产品在储藏时的温度、相对湿度和乙烯敏感性的研发	开展研究并加强研究成果转化
加工	合适的加工品种供应有限	开发合适品种，加强对小型加工企业的信息传播	收集和引进种质资源，实施育种计划；加强信息传播
	缺乏适用的加工技术	加强研发	开发创新型新产品；推动本土产品商业化
	新技术商业化不充分、基础设施不完善	加大政府支持（技术政策和基础设施）	建设试点工厂 开展成本效益和消费者研究
	开发新型或特色产品	加强研发	开发创新型特色产品 推动本土产品商业化
	缺乏合适的设施或基础设施	加强研发	建设合适的设施和基础设施

111

附 注 ENDNOTES

①**FAO.** 2019. *The State of Food and Agriculture* 2019: *Moving forward on food loss and waste reduction*. Rome, FAO. 182 pp. (also available at https://www. fao. org/3/ca6030en/ ca6030en. pdf).

②**Clark, M. A. , Domingo, N. G. , Colgan, K. , Thakrar, S. K. , Tilman, D. , Lynch, J. , Azevedo, I. L. & Hill, J. D.** 2020. Global food system emissions could preclude achieving the 1. 5° and 2℃ climate change targets. *Science*, 370 (6517): 705 - 708 [online]. https:// pubmed. ncbi. nlm. nih. gov/33154139/.

③**World Bank.** 2020. *Addressing Food Loss and Waste: A Global Problem with Local Solutions*. Washington, DC, World Bank. 128 pp. (also available at https://openknowledge. worldbank. org/bitstream/handle/10986/34521/Addressing - Food - Loss - and - Waste - A - Global - Problem - with - Local - Solutions. pdf? sequence=1&is).

④**CFS & HLPE.** 2020. *Impacts of COVID - 19 on food security and nutrition: developing effective policy responses to address the hunger and malnutrition pandemic*. Rome, Committee on World Food Security & High Level Panel of Experts. 24 pp. [Cited 20 November 2020] (also available athttps://www. fao. org/3/cb1000en/cb1000en. pdf).

⑤**FAO.** 2020. *State of Food and Agriculture in Asia and the Pacific Region, including Future Prospects and Emerging Issues*. FAO. 19 pp. [Cited 20 October 2020]. (also available at http://www. fao. org/3/nb840en/nb840en. pdf).

⑥**FAO.** 2020. *Report: Thirty - fifth Session of the FAO Regional Conference for Asia and the Pacific*. FAO. 26 pp. [Consulted on 5 November 2020]. (also available athttp:// www. fao. org/3/nd688en/nd688en. pdf).

⑦**World Bank.** 2020. *Addressing Food Loss and Waste: A Global Problem with Local Solutions*. Washington, DC, World Bank. 128 pp. (also available athttps://openknowledge. worldbank. org/bitstream/handle/10986/34521/Addressing - Food - Loss - and - Waste - A - Global - Problem - with - Local - Solutions. pdf? sequence=1&is).

⑧**FAO.** 2020. *Food Loss and Waste Measurement Linked to the Food Loss Analysis Methodology*. FAO. 8 pp. [Cited 2 October 2020]. http://www. fao. org/3/nc079en/ nc079en. pdf.

⑨**Mbow, C. , Rosenzweig, C. , Barioni, L. G. , Benton, T. G. , Herrero, M. , Krishnapillai, M. , Liwenga, E. et al.** 2019. Chapter 5: Food Security. In Masson - Delmotte, V. , Pörtner, H. , Skea, J. , Buendía, E. C. , Zhai, P. , Roberts, D. , Shukla, P. R. et al. , eds. *Special Report on Climate Change and Land*，pp. 437 – 550. United Nations Intergovernmental Panel on Climate Change. ［Cited 23 October 2019］. https：//www. ipcc. ch/site/assets/uploads/2019/08/2f. – Chapter – 5_FINAL. pdf.

⑩**van Dijk, M. , Morley, T. , Rau, M. L. & Saghai, Y.** 2021. A meta – analysis of projected global food demand and population at risk of hunger for the period 2010 – 2050. *Nature Food*，2：494 – 501. https：//doi. org/10. 1038/s43016 – 021 – 00322 – 9.

⑪**FAO.** 2019. *The State of Food and Agriculture* 2019：*Moving forward on food loss and waste reduction*. Rome，FAO. 182 pp. （also available athttps：//www. fao. org/3/ca6030en/ca6030en. pdf）.

⑫同⑪.

⑬**UNEP.** 2021. *Food Waste Index Report* 2021. Nairobi，United Nations Environment Programme. https：//www. unep. org/resources/report/unep – food – waste – index – report – 2021.

⑭**FAO.** 2019. *The State of Food and Agriculture* 2019：*Moving forward on food loss and waste reduction*. Rome，FAO. 182 pp. （also available athttps：//www. fao. org/3/ca6030en/ca6030en. pdf）.

⑮**HLPE.** 2014. *Food losses and waste in the context of sustainable food systems*. Rome，FAO. （also available at https：//www. fao. org/3/i3901e/i3901e. pdf）.

⑯**Feedback Global.** 2015. *Food waste in Kenya：Uncovering food waste in the horticultural export supply chain*. https：//feedbackglobal. org/wp – content/uploads/2015/07/Food – Waste – in – Kenya_report – by – Feedback. pdf.

⑰**Kaza, S. , Yao, L. , Bhada – Tata, P. & van Woerden, F.** 2018. *What a waste* 2. 0：*a global snapshot of solid waste management to* 2050. World Bank Publications.

⑱**Hanson, C. & Mitchell, P.** 2017. *The Business Case for Reducing Food Loss and Waste*. Washington，DC，Champions 12. 3. ［Cited 9 November 2020］. https：//champions123. org/sites/default/files/2020 – 08/business – case – for – reducing – food – loss – and – waste. pdf.

⑲**World Business Council for Sustainable Development** （WBCSD）. 2020. A Recipe to Reduce Food Loss and Waste. In：*WBCSD* ［online］. ［Cited 7 January 2020］. https：//openknowledge. worldbank. org/bitstream/handle/10986/34521/Addressing – Food – Loss – and – Waste – A – Global – Problem – with – Local – Solutions. pdf？ sequence＝1&isAllowed＝y.

⑳**Porpino, G. , Parente, J. & Wansink, B.** 2015. Food waste paradox：Antecedents of food disposal in low income households. *International Journal of Consumer Studies*. 39. 10. 1111/ijcs. 12207.

㉑**Setti, M. , Falasconi, L. , Segrè, A. , Cusano, I. & Vittuari, M.** 2016. Italian consumers' income and food waste behavior. *British Food Journal*. 118. 1731 – 1746. 10. 1108/BFJ – 11 –2015 – 0427.

㉒**Jörissen J, Priefer C, Bräutigam K – R.** 2015. Food Waste Generation at Household Level：Results of a Survey among Employees of Two European Research Centers in Italy and Germany. *Sustainability*，7 （3）：2695 – 2715. https：//doi. org/10. 3390/su7032695.

㉓ **Landry, C. & Smith, T.** 2019. Demand for Household Food Waste. *Applied Economic Perspectives and Policy*，41（1）：20 – 36. https：//doi. org/10. 1093/aepp/ppy037.

㉔**Ali, A. & Shahnewaj.** 2017. Improper Labelling of Manufacturing and Expiry Dates of Food：A Legal and Regulatory Study of Food Quality and Food Waste in Bangladesh. *Australian Journal of Asian Law*，18（1）：27 – 40. https：//ssrn. com/abstract＝3012403.

㉕**Neff, R. A. , Spiker, M. , Rice, C. , Schklair, A. , Greenberg, S. & Leib, E. B.** 2019. Misunderstood food date labels and reported food discards：A survey of US consumer attitudes and behaviors. *Waste Management*，86：123 – 132.

㉖**Gao, L. , Cheng, S. , Cao, X. , Zhang, D. , Liu, X. , Qin, Q. & Liu, Y.** 2013. Food waste in catering industry and its impacts on resources and environment in China. *Journal of Resources and Ecology*. 4（4）：337 – 343.

㉗**Grandhi, B. & Singh, J. A.** 2016. What a Waste! A Study of Food Wastage Behavior in Singapore. *Journal of Food Products Marketing*. 22（4）：471 – 485. DOI：10. 1080/10454446. 2014. 885863.

㉘**Bharucha, J.** 2018. Tackling the challenges of reducing and managing food waste in Mumbai restaurants. *British Food Journal*. 120（3）：639 – 649. https：//doi. org/10. 1108/BFJ – 06 – 2017 – 0324.

㉙**Kaza, S. , Yao, L. , Bhada – Tata, P. & van Woerden, F. ,** 2018. *What a waste* 2. 0：*a global snapshot of solid waste management to* 2050. World Bank Publications.

㉚**Delgado, L. , Torero, M. & Schuster, M.** 2020. Clarifying the problem of food loss and waste to improve food and nutrition security. *G20 Insights*. Available at：https：//www. g20 – insights. org/policy_briefs/clarifying – the – problem of – food – loss – and – waste – to – improve – food – and – nutrition – security/.

㉛**FAO.** 2019. The *State of Food and Agriculture* 2019：*Moving forward on food loss and waste reduction*. Rome，FAO. 182 pp. （also available athttps：//www. fao. org/3/ca6030en/ca6030en. pdf）.

㉜同㉛.

㉝同㉛.

㉞同㉛.

㉟同㉛.

㊱**UNEP.** 2021. *Food Waste Index Report* 2021. Nairobi，United Nations Environment Programme. https：//www. unep. org/resources/report/unep – food – waste – index – report – 2021.

㊲**APEC.** 2018. *APEC Survey Report on Feasible Solutions for Food Loss and Waste Reduction*. https：//www. apec. org/Publications/2018/09/APEC – Survey – Report – on – Feasible – Solutions – for – Food – Loss – and – Waste – Reduction.

㊳**Cheng, S. , Jin, Z. & Liu, G.** 2018. *China's Urban Food Waste Report*. Beijing，WWF China.

㊴**Chen, C. , Chaudhary, A. & Mathys, A.** 2020. Nutritional and environmental losses embedded in global food waste. *Resources, Conservation and Recycling*. 160：104912.

⑩Tsai, W. C. , Chen, X. & Yang, C. 2020. Consumer Food Waste Behavior among Emerging Adults：Evidence from China. *Foods*, 9 (7)：961.

㊶Flanagan, K. , Robertson, K. & Hanson, C. 2019. *Reducing Food Loss and Waste：Setting a Global Action Agenda*. WRI Publications. 10. 46830/wrirpt. 18. 00130.

㊷Hanson, C. & Mitchell, P. 2017. *The Business Case for Reducing Food Loss and Waste*. Washington, DC, Champions 12. 3. ［Cited 9 November 2020］. https：//champions123. org/ sites/default/files/2020－08/business－case－for－reducing－food－loss－and－waste. pdf.

㊸Clark, M. A. , Domingo, N. G. , Colgan, K. , Thakrar, S. K. , Tilman, D. , Lynch, J. , Azevedo, I. L. & Hill, J. D. 2020. Global food system emissions could preclude achieving the 1. 5° and 2℃ climate change targets. Science, 370 (6517)：705－708［online］. https：// pubmed. ncbi. nlm. nih. gov/33154139/.

㊹World Bank. 2020. *Addressing Food Loss and Waste：A Global Problem with Local Solutions*. Washington, DC, World Bank. 128 pp. （also available athttps：// openknowledge. worldbank. org/bitstream/handle/10986/34521/Addressing－Food－Loss－ and－Waste－A－Global－Problem－with－Local－Solutions. pdf? sequence＝1&is).

㊺Anríquez, G. , Foster, W. , Santos－Rocha, J. , Ortega, J. & Jansen, S. 2019. *Refining the definition of food loss and waste from an economic perspective：producers, intermediaries, and consumers as key decision makers*. Santiago, Department of Agricultural Economics, Pontifical Catholic University of Chile.

㊻Cattaneo, A. , Sánchez, M. V. , Torero, M. and Vos, R. 2021. Reducing food loss and waste：Five challenges for policy and research. *Food Policy*, 98：101974.

㊼Kennedy, G. , Ballard, T. and Dop, M. 2013. *FAO Guidelines for Measuring Household and Individual Dietary Diversity*. Rome, FAO.

㊽World Bank. 2020. *Addressing Food Loss and Waste：A Global Problem with Local Solutions*. Washington, DC, World Bank. 128 pp. （also available athttps：// openknowledge. worldbank. org/bitstream/handle/10986/34521/Addressing－Food－Loss－ and－Waste－A－Global－Problem－with－Local－Solutions. pdf? sequence＝1&is).

㊾Fox, E. L. , Davis, C. , Downs, S. M. , Schultink, W. & Fanzo, J. 2019. Who is the woman in women's nutrition? A narrative review of evidence and actions to support women's nutrition throughout life. *Current Developments in Nutrition*, 3 (1)：nzy076. https：//doi. org/10. 1093/cdn/nzy076.

㊿World Bank. 2020. Addressing Food Loss and Waste：*A Global Problem with Local Solutions*. Washington, DC, World Bank. 128 pp. （also available athttps：//openknowledge. worldbank. org/bitstream/handle/10986/34521/Addressing－Food－Loss－and－Waste－A－ Global－Problem－with－Local－Solutions. pdf? sequence＝1&is).

51 Springmann, M. , Clark, M. , Mason－D'Croz, D. , Wiebe, K. , Bodirsky, B. L. , Lassaletta, L. , De Vries, W. et al. 2018. Options for keeping the food system within

environmental limits. *Nature*，562（7728）：519 - 525. https://www. nature. com/articles/
s41586 - 018 - 0594 - 0.

㊼ **Yu, Y. & Jaenicke, E. C.** 2020. Estimating food waste as household production inefficiency.
American Journal of Agricultural Economics. 102（2）：525 - 547. https://onlinelibrary.
wiley. com/doi/10. 1002/ajae. 12036.

㊽ **Barrera, E. L. & Hertel, T.** 2020. Global food waste across the income spectrum：
Implications for food prices，production and resource use. *Food Policy*，98：101874.
https://www. sciencedirect. com/science/article/pii/S0306919220300762.

㊾ **FAO.** 2019. The State of Food and Agriculture 2019：*Moving forward on food loss and
waste reduction*. Rome，FAO. 182 pp.（also available athttps://www. fao. org/3/ca6030en/
ca6030en. pdf）.

㊿ **HLPE.** 2014. *Food losses and waste in the context of sustainable food systems*. Rome，
FAO.（also available at https://www. fao. org/3/i3901e/i3901e. pdf）.

⑤⑥ **Global Panel on Agriculture and Food Systems for Nutrition.** 2018. *Global Panel on
Agriculture and Food Systems for Nutrition*[online]. London. https://www. glopan. org/.

⑤⑦ **FAO & WHO.** 2019. *Sustainable Healthy Diets*：*Guiding principles*. Rome.［Cited 14
November 2020］. http://www. fao. org/3/ca6640en/ca6640en. pdf.

⑤⑧ **FAO, IFAD, UNICEF, WFP and WHO.** 2019. *The State of Food Security and Nutrition in
the World* 2019：*Safeguarding against economic slowdowns and downturns*. Rome，
FAO.（also available at https://www. fao. org/3/ca5162en/ca5162en. pdf）.

⑤⑨ **FAO & WHO.** 2019. *Sustainable Healthy Diets*：*Guiding principles*. Rome.［Cited 14
November 2020］. http://www. fao. org/3/ca6640en/ca6640en. pdf.

⑥⓪ **FAO, IFAD, UNICEF, WFP and WHO.** 2019. *The State of Food Security and Nutrition in
the World* 2019：*Safeguarding against economic slowdowns and downturns*. Rome，FAO.
（also available at https://www. fao. org/3/ca5162en/ca5162en. pdf）.

⑥① **Serafini, M. , Lee, T. K. W. , Toti, E. , Bucatariu, C. , Fonseca, J. M. , & van Otterdijk,
R.** 2015. Global Variations in Micro - nutrient Losses in the Fruit and Vegetables Supply
Chains. In：*The first international congress on postharvest loss prevention*：*Developing
measurement approaches and intervention strategies for smallholders*；*Proceedings*. Rome，
FAO.

⑥② **Lee, W. , Paratore, G. , Tung J.** 2019. *Evaluation of Micronutrient Losses from Postharvest
Food Losses（PHL）in Kenya，Cameroon and India - Implications on Micronutrient
Deficiencies in Children Under 5 years of age*. Rome，FAO（forthcoming）.

⑥③ **Serafini, M. , Lee, T. K. W. , Toti, E. , Bucatariu, C. , Fonseca, J. M. , & van Otterdijk,
R.** 2015. Global Variations in Micro - nutrient Losses in the Fruit and Vegetables Supply
Chains. In：*The first international congress on postharvest loss prevention*：*Developing
measurement approaches and intervention strategies for smallholders*；*Proceedings*. Rome，
FAO.

⑥④**HLPE.** 2014. *Food losses and waste in the context of sustainable food systems*. Rome, FAO. (also available at https://www. fao. org/3/i3901e/i3901e. pdf).

⑥⑤**FAO.** 2019. *The State of Food and Agriculture* 2019: *Moving forward on food loss and waste reduction*. Rome, FAO. 182 pp. (also available athttps://www. fao. org/3/ca6030en/ca6030en. pdf).

⑥⑥**HLPE.** 2017. Nutrition and food systems: *A report by the High Level Panel of Experts on Food Security and Nutrition*, *September* 2017. Rome. [Cited 16 November 2020]. http://www. fao. org/3/a-i7846e. pdf.

⑥⑦**FAO.** 2020. *Report*: *Thirty-fifth Session of the FAO Regional Conference for Asia and the Pacific*. FAO. 26 pp. [Consulted on 5 November 2020]. (also available athttp://www. fao. org/3/nd688en/nd688en. pdf).

⑥⑧**FAO.** 2020. *FAO's Hand-in-Hand Initiative*: *a New Approach*. http://www. fao. org/3/nb850en/nb850en. pdf.

⑥⑨**Hirvonen, K. , de Brauw, A. and Abate, G. T.** 2021. Food Consumption and Food Security during the COVID-19 Pandemic in Addis Ababa. *American Journal of Agricultural Economics*, 103 (3): 772-789. https://doi. org/10. 1111/ajae. 12206.

⑦⑩**FAO.** 2020. *Mitigating risks to food systems during COVID-19*: *Reducing food loss and waste*. Rome, FAO. [Cited 20 November 2020]. https://doi. org/10. 4060/ca9056en.

⑦①**HLPE.** 2020. *Impacts of COVID-19 on food security and nutrition*: *developing effective policy responses to address the hunger and malnutrition pandemic*. Rome.

⑦②**FAO.** 2020. *Food system policy priorities and programmatic actions for healthy diets in the context of COVID-19*. Rome. https://doi. org/10. 4060/ca9512en.

⑦③**Ministry of Agriculture, Livestock, Fisheries and Cooperatives** (MALFC). 2020. *Simple Technologies for Producing Nutritious Foods during COVID 19 Pandemic*. Ministry of Agriculture, Livestock, Fisheries and Cooperative, Government of Kenya. [Cited 28 October 2020]. https://kilimo. go. ke/wp-content/uploads/2021/01/SIMPLE-TECHNOLOGIES-FOR-PRODUCING-NUTRITIOUS-FOODS-DURING-COVID-19-PANDEMIC. pdf.

⑦④**WHO and FAO.** 2018. *Strengthening nutrition action*: *A resource guide for countries based on the policy recommendations of the Second International Conference on Nutrition*. WHO. https://apps. who. int/iris/handle/10665/274739.

⑦⑤**Milan Urban Food Policy Pact.** 2022. Regional Fora. In: *Milan Urban Food Policy Pact* [online]. Milan, Italy. https://www. milanurbanfoodpolicypact. org/mufpp-regional-forums/.

⑦⑥**HLPE.** 2014. *Food losses and waste in the context of sustainable food systems*. Rome, FAO. (also available at https://www. fao. org/3/i3901e/i3901e. pdf).

⑦⑦**Committee on World Food Security** (CFS). *Sustainable Fisheries and Aquaculture for Food Security and Nutrition*: *Policy recommendations*. Committee on World Food Security.

117

[Cited 16 November 2020]. http://www. fao. org/3/a‑av032e. pdf.

⑦⑧**FAO.** 2020. *The State of World Fisheries and Aquaculture* 2020: *Sustainability in action.* Rome, FAO. [Cited 16 November 2020]. https://doi. org/10. 4060/ca9229en.

⑦⑨**FAO.** 2021. *Voluntary Code of Conduct for Food Loss and Waste Reduction.* http://www. fao. org/3/nf393en/nf393en. pdf.

⑧⑩**FAO.** 2022. Food Loss and Waste Database. In: *Food and Agriculture Organization of the United Nations* [online]. Rome. http://www. fao. org/platform ‑ food ‑ loss ‑ waste/flw ‑ data/en/.

⑧①**FAO.** 2020. FAO to continue to support G20 to address the pandemic and strengthen agri ‑ food systems. http://www. fao. org/news/story/en/item/1307183/icode/.

⑧②**MACS ‑ G20: Meeting of G20 Agricultural Chief Scientists.** Collaboration Initative on Food Losses &. Food Wastes launched at MACS ‑ G20. In: *MACS ‑ G20: Meeting of G20 Agricultural Chief Scientists* [online]. https://www. macsg20. org/about ‑ macs/macs ‑ activities/collaboration ‑ initiative ‑ on ‑ food ‑ losses ‑ food ‑ waste ‑ launched ‑ at ‑ macs ‑ g20/.

⑧③**Delgado, L. , Torero, M. & Schuster, M.** 2020. Clarifying the problem of food loss and waste to improve food and nutrition security. *G20 Insights.* https://www. g20 ‑ insights. org/policy_briefs/clarifying ‑ the ‑ problem ‑ of ‑ food ‑ loss and ‑ waste ‑ to ‑ improve ‑ food ‑ and ‑ nutrition ‑ security/.

⑧④**FAO.** 2019. *The State of Food and Agriculture* 2019: *Moving forward on food loss and waste reduction.* Rome, FAO. 182 pp. (also available athttps://www. fao. org/3/ca6030en/ca6030en. pdf).

⑧⑤**FAO, PAHO, WFP & UNICEF.** 2020. *Regional Overview of Food Security and Nutrition in Latin America and the Caribbean.* Latin America and the Caribbean ‑ Regional Overview of Food Security and Nutrition. Santiago. https://doi. org/10. 4060/ca6979en.

⑧⑥**FAO.** 2020. *Transforming food systems for healthy diets for all.* http://www. fao. org/3/nd021en/nd021en. pdf.

⑧⑦**FAO, CEPAC, ALADI & CELAC.** 2014. *Food and nutrition security and the eradication of hunger‑CELAC* 2025: *Furthering discussion and regional cooperation.* Santiago, United Nations. http://www. fao. org/3/a‑bo925e. pdf.

⑧⑧**FAO.** 2019. *The State of Food and Agriculture* 2019: *Moving forward on food loss and waste reduction.* Rome, FAO. 182 pp. (also available at https://www. fao. org/3/ca6030en/ca6030en. pdf).

⑧⑨**Zorya, S. , Morgan, N. , Diaz Rios, L. , Hodges, R. , Bennett, B. , Stathers, T. , Mwebaze, P. & Lamb, J.** 2011. *Missing food: The case of postharvest grain losses in sub ‑ Saharan Africa.* Washington, DC, The World Bank. http://www. fao. org/3/at454e/at454e. pdf.

⑨⑩**El Bilali, H. & Ben Hassen, T.** 2020. Food Waste in the Countries of the Gulf Cooperation Council: A Systematic Review. *Foods,* 9 (4): 463.

⑨①**Baig, M. , Al‑Zahrani, K. H. , Schneider, F. , Straquadine, G. , & Mourad, M.** 2019. Food waste posing a serious threat to sustainability in the Kingdom of Saudi Arabia‑A systematic review. Saudi Journal of Biological Sciences，26（7）：1743‑1752. https：//doi. org/10. 1016/j. sjbs. 2018. 06. 004.

⑨②**FAO.** 2020. United Nations Decade of Action on Nutrition and Follow‑up to the Second International Conference on Nutrition (ICN2). http：//www. fao. org/3/nc350en/nc350en. pdf.

⑨③**FAO.** 2019. The State of Food and Agriculture 2019：Moving forward on food loss and waste reduction. Rome，FAO. 182 pp. （also available athttps：//www. fao. org/3/ca6030en/ca6030en. pdf）.

⑨④**Ronzon, T. , Lusser, M. , Landa, L. , M'barek, R. , Giuntoli, J. , Cristobal Garcia, J. , Parisi, C. ,** et al. 2017. Bioeconomy Report 2016. Luxembourg，Publications Office of the European Union. https：//publications. jrc. ec. europa. eu/repository/handle/JRC103138.

⑨⑤ **European Commission.** 2012. Communication from the Commission to the European Parliament，the Council，the European Economic and Social Committee and The Committee of the Regions‑Innovating for Sustainable Growth：A Bioeconomy for Europe. Brussels，European Commission. [Cited 10 August 2019].

⑨⑥ **Priefer, C. , Jörissen, J. , Bräutigam, K.** 2013. Technology options for feeding 10 billion people：Options for Cutting Food Waste. European Parliament，Strasbourg，France. 159 pp. https：//www. europarl. europa. eu/RegData/etudes/etudes/join/2013/513515/IPOL‑JOIN_ET（2013）513515_EN. pdf.

⑨⑦**European Parliament.** 2017. European Parliament Resolution of 16 May 2017 on initiative on resource efficiency：reducing food waste，improving food safety（2016/2223（INI））. European Parliament，Strasbourg，France.

⑨⑧**European Parliament Committee on the Environment, Public Health and Food Safety.** 2017. REPORT：on reducing food waste，improving food safety. European Parliament，Strasbourg，France. https：//www. europarl. europa. eu/doceo/document/A‑8‑2017‑0175_EN. html.

⑨⑨**European Parliament Committee on Agriculture and Rural Development.** 2011. REPORT：on how to avoid food wastage：strategies for a more efficient food chain in the EU. European Parliament，Strasbourg，France.

⑩⑩**Katsarova, I.** 2016. Tackling food waste：The EU's contribution to a global issue. European Parliamentary Research Service，Strasbourg，France. https：//www. europarl. europa. eu/RegData/etudes/BRIE/2016/593563/EPRS_BRI（2016）593563_EN. pdf.

⑩① **Bourguignon, D.** 2016. Closing the loop：New circular economy package. European Parliamentary Research Service，Strasbourg，France. https：//www. europarl. europa. eu/RegData/etudes/BRIE/2016/573899/EPRS_BRI%282016%29573899_EN. pdf.

⑩②**Valant, J.** 2015. 'Best before' date labels：Protecting consumers and limiting food waste. European Parliamentary Research Service，Strasbourg，France. https：//www. europarl. europa. eu/

RegData/etudes/BRIE/2015/548990/EPRS_BRI (2015) 548990_REV1_EN. pdf.

⑩**European Parliament.** 2017. European Parliament resolution of 16 May 2017 on initiative on resource efficiency: reducing food waste, improving food safety. European Parliament, Strasbourg, France. https://www. europarl. europa. eu/doceo/document/TA - 8 - 2017 - 0207_EN. html.

⑩**Council of the European Union.** 2020. Food losses and food waste: assessment of progress made in implementing the Council conclusions adopted on 28 June 2016 - Information from the Presidency and the Commission. Council of the European Union, Brussels, Belgium. 29 pp. https://ec. europa. eu/food/system/files/2021 - 01/fw_lib_council_food - losses - food - waste_2016_rev - 2020. pdf.

⑩**Stenmarck, Å., Jensen, C., Quested, T., Moates, G.** 2016. Estimates of European food waste levels. Fusions. The European Community. 80 pp. http://www. eu - fusions. org/phocadownload/Publications/Estimates％ 20of％ 20European％ 20food％ 20waste％ 20levels. pdf.

⑩**European Food Banks Federation.** 2020. European Food Banks Federation Annual Report 2019. European Food Banks Federation, Brussels, Belgium. 24 pp. [Cited 9 August 2021]. https://www. eurofoodbank. org/en/position - papers: Annual report (2019) Available at: https://lp. eurofoodbank. org/wp - content/uploads/2020/06/FEBA_2019_Annual_ Report_ FINAL. pdf.

⑩**Lipinski, B.** 2020. SDG target 12. 3 on food loss and waste: 2020 progress report. An annual update on behalf of Champions 12. 3. Champions 12. 3. https://champions123. org/sites/default/files/2020 - 09/champions - 12 - 3 - 2020 - progress - report. pdf.

⑩**Bucatariu, C.** 2020. Challenges and initiatives in reducing food losses and waste in Europe. In Yahia, E. M., ed. Preventing food losses and waste to achieve food security and sustainability, pp. 653 - 692. Burleigh Dodds Science Publishing Limited. https://www. researchgate. net/publication/340400578_Challenges_and_initiatives_in_ reducing_food_loss_and_waste_in_ Europe.

⑩**UNECE.** 2019. *Code of Good Practice: Reducing food loss in handling fruit and vegetables.* [Cited 9 August 2021]. https://unece. org/sites/default/files/2021 - 03/CodeOfGoodPractice. pdf.

⑩**FAO.** 2020. FAO Regional Office for Europe and Central Asia - Central Asia, Azerbaijan and Turkey establish joint Food Loss and Waste Strategy Committee. Text by Sapiga, O. In: *Food and Agriculture Organization of the United States* [Online]. http://www. fao. org/europe/news/detail - news/en/c/1333202/.

⑪**Carey, J., & Cook, B.** 2021. *The Milan Urban Food Policy Pact monitoring framework: A practical handbook for implementation.* FAO. Rome. https://www. milanurbanfoodpolicy-pact. org/wp - content/uploads/2019/11/CA6144EN. pdf.

⑫**Fabi, C. & English, A.** 2018. *Methodological proposal for monitoring SDG target 12. 3.*

The global food loss index design, *data collection methods and challenges*. FAO，Rome，Italy.［Cited 18 October 2019］. http：//www. fao. org/3/CA2640EN/ca2640en. pdf.

⑬**Bucatariu，C.** 2020. Challenges and initiatives in reducing food losses and waste in Europe. In Yahia，E. M.，ed. *Preventing food losses and waste to achieve food security and sustainability*，pp. 653 – 692. Burleigh Dodds Science Publishing Limited. https：//www. researchgate. net/publication/340400578_Challenges_and_initiatives_in_reducing_food_loss_and_ waste_in_Europe.

⑭**Mhlanga，N.，Seidler，E.，Njie，D.，Gallat，S.，Lamb，J.，Morgan，N.，Zorya，S. & Diaz Rios，L.** 2010. *FAO/World Bank workshop on reducing post – harvest losses in grain supply chains in Africa Lessons learned and practical guidelines*. FAO，Rome. 120 pp. http：//www. fao. org/3/a – au092e. pdf.

⑮**Zorya，S.，Morgan，N.，Diaz Rios，L.，Hodges，R.，Bennett，B.，Stathers，T.，Mwebaze，P. & Lamb，J.** 2011. *Missing Food*：*The Case of Postharvest Grain Losses in Sub – Saharan Africa*. The World Bank. https：/www. fao. org/sustainable – food – value – chains/library/details/en/c/266345/.

⑯**World Resources Institute.** 2019. RELEASE：Major Food Retailers & Providers，Rice Industry Announce New Food Loss and Waste Efforts. In：*World Resources Institute* ［Online］. Washington，DC. https：//www. wri. org/news/2019/09/release – major – food – retailers – providers – rice – industry – announce – new – food – loss – and – waste.

⑰**World Bank.** 2019. World Bank and Folksam Group Join Global Call to Action on Food Loss and Waste. In：*The World Bank*［Online］. https：//www. worldbank. org/en/news/press – release/2019/03/20/world – bank – and – folksamgroup – join – global – call – to – action – on – food – loss – and – waste.

⑱**Mhlanga，N.，Seidler，E.，Njie，D.，Gallat，S.，Lamb，J.，Morgan，N.，Zorya，S. & Diaz Rios，L.** 2010. *FAO/World Bank workshop on reducing post – harvest losses in grain supply chains in Africa Lessons learned and practical guidelines*. FAO，Rome. 120 pp. http：//www. fao. org/3/a – au092e. pdf.

⑲See：https：//www. kbc. co. ke/world – bank – ksh288m – post – harvest/.

⑳**World Bank.** 2020. *Addressing Food Loss and Waste*：*A Global Problem with Local Solutions*. Washington，DC，World Bank. 128 pp. （also available athttps：//openknowledge. worldbank. org/bitstream/handle/10986/34521/Addressing – Food – Loss – and – Waste – A – Global – Problem – with – Local – Solutions. pdf？ sequence＝1 & is）.

㉑**World Bank.** 2020. *Grain Storage and Information for Agricultural Competitiveness*. In：*The World Bank*［Online］. https：//projects. worldbank. org/en/projects – operations/ project – detail/P160570？ lang＝en.

㉒同㉑.

㉓**Maistry，S.** 2010. AfDB Delegation Makes Key Presentation at the High Level Conference in Abuja. In：*African Development Bank Group*［Online］. https：//www. afdb. org/en/news –

and – events/afdb – delegation – makes – keypresentation – at – the – high – level – conference – in – abuja – 6406.

⑫ **IFAD.** 2020. Towards zero food waste in Indonesia's fishing communities. In：*IFAD* 〔Online〕. https：//www. ifad. org/en/web/latest/story/asset/42101743.

⑫ **EBRD.** 2019. Promoting Sustainable Practices in Food Retail. In：*European Bank for Reconstruction and Development* 〔Online〕. https：//www. ebrd. com/what – we – do/ sectors/legal – reform/sustainable – food – retail. html.

⑫ **HLPE.** 2017. *Nutrition and food systems：A report by the High Level Panel of Experts on Food Security and Nutrition，September* 2017. Rome. 〔Cited 16 November 2020〕. http：// www. fao. org/3/a – i7846e. pdf.

⑫ **The Rockefeller Foundation.** 2020. YieldWise – A World Without Food Waste. In：*The Rockefeller Foundation* 〔Online〕. https：//www. rockefellerfoundation. org/initiative/ yieldwise/.

⑫ **FAO.** 2020. FAO and Rabobank's new partnership focuses on helping make food systems more sustainable，including through innovative investments. In：*Food and Agriculture Organization of the United Nations*〔Online〕. http：//www. fao. org/news/story/en/item/ 1296715/icode/.

⑫ **Crawford, E.** 2020. Rabobank's FoodBytes! winners offer solutions for food waste，climate change and improved health. In：*FoodNavigator – USA*〔Online〕. https：//www. foodnavigator – usa. com/Article/2020/12/04/Rabobank – s – FoodBytes! – winners – offer – solutions – for – food – waste – climate – change – and – improved – health.

⑬ **Winnow Solutions, Ltd.** *7 Trends That Impact Everything Food and Beverage in* 2020. Winnow Solutions，Ltd. https：//info. winnowsolutions. com/food – and – beverage – trends – 2020.

⑬ **Solar Impulse Foundation.** 2019. Winnow：Food waste reduction by connecting commercial kitchens to the cloud. In：*Solar Impulse Foundation*〔Online〕. Solar Impulse Foundation. https：//solarimpulse. com/efficient – solutions/winnow.

⑬ **Solar Impulse Foundation.** 2022. Solutions to fight Climate Change – Boosting Efficient Solutions：Clean & Profitable. In：*Solar Impulse Foundation*〔Online〕. Solar Impulse Foundation. https：//solarimpulse. com/efficient – solutions/fit – food – waste – monitoring – tech♯.

⑬ **Harvard Law School Food Law and Policy Clinic & Global FoodBanking Network.** 2019. The Global Food Donation Policy Atlas. In：*Center for Health Law and Policy Innovation – Harvard Law School*〔Online〕. https：//chlpi. org/project/global – food – waste – policy/.

⑬ **Min, H.** 2015. Local NGO sets up first food bank in the city. *Shanghai Daily*，10 June 2015. 〔Cited 1 October 2018〕. https：//archive. shine. cn/metro/society/Local – NGO – sets – up – first – food – bank – in – the – city/shdaily. shtml.

⑬ **Global FoodBanking Network.** 2015. Newsletters – 10 Things You Should Know about GFN's New Member Food Bank in Shanghai. In：*The Global FoodBanking Network*〔Online〕.

[Cited 1 October 2018]. https：//www. foodbanking. org/10 – things – you – should – know –
about – gfns – new – member – food – bank – in – shanghai/.

⑬⑥**Global FoodBanking Network.** 2018. Press Releases – The Global FoodBanking Network
Welcomes its First Member from Mainland China. In：*The Global FoodBanking Network*
[Online]. [Cited 1 October 2018]. https：//www. foodbanking. org/the – global –
foodbanking – network – welcomes – its – first – member – from – mainland – china/.

⑬⑦**IISD.** 2016. GFFA 2016 Highlights Agriculture and Food Security for SDGs，Climate. In：
IISD SDG Knowledge Hub [Online]. http：//sdg. iisd. org/news/gffa – 2016 – highlights –
agriculture – and – food – security – for – sdgs – climate/.

⑬⑧**Global Forum for Food and Agriculture**（GFFA）. 2016. How to feed our cities? –
Agriculture and rural areas in an area of urbanization. Berlin，GFFA and German
Federal Ministry of Food and Agriculture. https：//www. gffa – berlin. de/wp – content/
uploads/2015/10/GFFA_Kommunique_2016_EN. pdf.

⑬⑨**Kitinoja, L. , Tokala, V. Y. & Brondy, A.** 2018. Challenges and opportunities for improved
postharvest loss measurements in plant – based food crops. *Journal of Postharvest
Technology.* 6（4）：16 – 34.

⑭⓪**Hanson, C. & Mitchell, P.** 2017. *The Business Case for Reducing Food Loss and Waste.*
Washington，DC，Champions 12. 3. [Cited 9 November 2020]. https：//champions123. org/
sites/default/files/2020 – 08/business – case – for – reducing – food – loss – and – waste. pdf.

⑭①**International Food Waste Coalition**（IFWC）. 2022. *International Food Waste Coalition*
[online]. Ixelles，Belgium. http：//internationalfoodwastecoalition. org/.

⑭②**International Food Waste Coalition**（IFWC）. 2018. *SKOOL* 2018：*School Kitchen Organisation
Optimisation Learning.* IFWC，Ixelles，Belgium. https：//internationalfoodwastecoalition. org/wp –
content/uploads/2021/01/IFWC_SKOOL_Report_2018. pdf.

⑭③**Ekman, J.** 2019. *Final Report：Improved postharvest management of fruit and vegetables
in the Southern Philippines and Australia.* Canberra，Australian Centre for International
Agricultural Research（ACIAR）. https：//www. aciar. gov. au/sites/default/files/project –
page – docs/final_report_hort – 2012 – 098. pdf.

⑭④**United Nations ESCAP.** 2020. *Asia and the Pacific SDG Progress Report* 2020. United
Nations Economic and Social Commission for Asia and the Pacific（ESCAP）. [Cited 12
December 2020]. https：//www. unescap. org/sites/default/files/publications/ESCAP_Asia_
and_the_Pacific_SDG_Progress_Report_2020. pdf.

⑭⑤**FAO.** 2020. *Food Loss and Waste Measurement Linked to the Food Loss Analysis
Methodology.* FAO. [Cited 2 October 2020]. http：//www. fao. org/3/nc079en/nc079en.
pdf.

⑭⑥**FAO.** 2020. *Report：Thirty – fifth Session of the FAO Regional Conference for Asia and
the Pacific.* FAO. 26 pp. [Consulted on 5 November 2020]. （also available athttp：//
www. fao. org/3/nd688en/nd688en. pdf）.

123

⑭⑦**FAO.** 2019. *The State of Food and Agriculture* 2019: *Moving forward on food loss and waste reduction*. Rome, FAO. 182 pp. (also available athttps://www. fao. org/3/ca6030en/ca6030en. pdf).

⑭⑧**Rutten, M. , Verma, M. , Mhlanga, N. & Bucatariu, C.** 2015. *Potential impacts on sub - Saharan Africa of reducing food loss and waste in the European Union - A focus on food prices and price transmission effects*. Rome, Italy, FAO, LEI Wageningen.

⑭⑨**Hanson, C. & Mitchell, P.** 2017. *The Business Case for Reducing Food Loss and Waste*. Washington, DC, Champions 12. 3. [Cited 9 November 2020]. https://champions123. org/sites/default/files/2020 - 08/business - case - for - reducing - food - loss - and - waste. pdf.

⑮⓪**FAO.** 2013. *Food Wastage Footprint*: *Impacts on Natural Resources*. FAO, Rome, Italy.

⑮①**Galford, G. L. , Peña, O. , Sullivan, A. K. , Nash, J. , Gurwick, N. , Pirolli, G. , Richards, M. , White, J. & Wollenberg, E.** 2020. Agricultural development addresses food loss and waste while reducing greenhouse gas emissions. *Science of The Total Environment*, 699: 134318. https://doi. org/10. 1016/j. scitotenv. 2019. 134318.

⑮②**Nash, J. , Peña, O. , Galford, G. , Gurwick, N. , Pirolli, G. , White, J. , Wollenberg, E.** 2017. *Reducing food loss in agricultural development projects through value chain efficiency*. CCAFS Working Paper no. 204. Wageningen, The Netherlands, CGIAR Research Program on Climate Change, Agriculture and Food Security (CCAFS). www. ccafs. cgiar. org and https://www. sciencedirect. com/science/article/pii/S0048969719343098♯f0015.

⑮③**APEC.** 2018. *APEC Survey Report on Feasible Solutions for Food Loss and Waste Reduction. Singapore*, APEC Secretariat.

⑮④**Post - harvest losses in ASEAN countries,** FAO,2008.

⑮⑤**The ASEAN Secretariat.** *Initiative for ASEAN Integration* (IAI) *Work Plan III*. Jakarta, The ASEAN Secretariat. http://aadcp2. org/wp - content/uploads/09rev2Content - IAI - Work - Plan - III. pdf.

⑮⑥**ASEAN Australia Development Cooperation Program** (AADCP). 2018. *Terms of Reference for Assessment of post - harvest losses and post - harvest loss reduction technologies and practices for a seasonal fruit with high export value and/or export potential in Cambodia, Lao PDR, Myanmar, Viet Nam* (CLMV) *countries*. AADCP. https://asean. org/wp - content/uploads/2018/05/TOR - Assessment - of - the - post - harvest - losses - and - post - harvestloss - reduction - technologies - and - practices - in - CLMV. pdf.

⑮⑦**Liu, G. , Liu, X. & Cheng, S.** 2013. *Food security*: *Curb China's rising food wastage. Nature*, 498 (170). http://www. nature. com/nature/journal/v498/n7453/full/498170c. html.

⑮⑧**Wu, N.** 2018. Analysis of China's food security situation and coping strategies. Shopping mall modernization. (3): 17 - 18.

⑮⑨**The State Council Information Office of the People's Republic of China.** 2019. *Food Security in China*. The State Council Information Office of the People's Republic of China. http://www. scio. gov. cn/zfbps/32832/Document/1666228/1666228. htm.

⑯⓪ **Liu, G. , Liu, X. & Cheng, S.** 2013. *Food security: Curb China's rising food wastage. Nature*, 498 (170). http://www. nature. com/nature/journal/v498/n7453/full/498170c. html.

⑯① **Ministry of Foreign Affairs of the People's Republic of China.** 2019. *China's Progress Report on Implementation of the* 2030 *Agenda for Sustainable Development*. Ministry of Foreign Affairs of the People's Republic of China. https://www. fmprc. gov. cn/mfa_eng/topics_ 665678/2030kcxfzyc/201909/P020210525474868189879. pdf.

⑯② **Liu, G.** 2014. *Food Losses and Food Waste in China: A First Estimate*. OECD Food, Agriculture and Fisheries Papers, No. 66. OECD Publishing. http://dx. doi. org/10. 1787/ 5jz5sq5173lq - en.

⑯③ **Koetse, M.** 2020. Clean Your Plate, Waste No Food - China's Anti Food Waste Campaign Is Sweeping the Nation. *What's On Weibo*, 21 August 2020. (also available at https://www. whatsonweibo. com/clean - your - plate - waste - nofood - chinas - anti - food - waste - campaign - is - sweeping - the - nation/).

⑯④ **Chinese Academy of Sciences.** 2017. Liu, J. , ed. Research Progress - China Must Cut Its Wasteful Ways. In: *Chinese Academy of Sciences*[online]. [Cited 1 October 2021]. http:// english. cas. cn/newsroom/archive/ research_archive/rp2017/201702/t20170203_173783. shtml.

⑯⑤ **Gu, W.** 2014. Beijing's Corruption Crackdown is a Boon for Bargain - Hunting Chinese. *Wall Street Journal*, 16 January 2014. [Cited 1 October 2018]. (also available athttps:// www. wsj. com/articles/no - headline - available - 1389868562.

⑯⑥ **Magistad, M. K.** 2013. No - waste lunch: China's "Clean Your Plate" campaign. *The World*, 22 July 2013. [Cited 1 October 2018]. https://www. pri. org/stories/2013 -07 -22/ no - waste - lunch - chinas - clean - your - plate - campaign.

⑯⑦ **Australian Government.** 2022. Tackling Australia's food waste: Why we need to reduce food waste. In: *Australian Government Department of Agriculture*, *Water and the Environment* [online]. https://www. environment. gov. au/protection/waste/food - waste.

⑯⑧ **Australian Government.** 2020. Joint Media Release: New body to cut Australia's food waste in half. Text by Ley, S. & Evans, T. In: *Australian Government Department of Agriculture*, *Water and the Environment*[online]. Available at: https://minister. awe. gov. au/evans/media - releases/new - body - cut - australias - food - waste - half.

⑯⑨ **Fight Food Waste Cooperative Research Centre.** 2018. *Fight Food Waste Cooperative Research Centre*[online]. https://fightfoodwastecrc. com. au/.

⑰⓪ **SWITCH - Asia.** 2017. *The Sustainable Consumption and Production Roadmap* 2017 - 2036. Royal Thai Government Sub - Committee for SDG 12. https://www. switch - asia. eu/resource/thailand - scp - roadmap - 2017 - 2036 - en/.

⑰① **Bhattarai, D. R.** 2018. Postharvest horticulture in Nepal. *Horticulture International Journal*. 2 (6): 458 - 460. https://medcraveonline. com/HIJ/postharvest - horticulture - in - nepal. html.

⑰ FAO. 2019. SAVE FOOD：Global Initiative on Food Loss and Waste Reduction－Reduction of post－harvest losses in Horticultural chains in SAARC Countries. In：*FAO*［online］. https：//www. fao. org/save－food/projects/saarc－countries/en/.

⑱ **Global Agriculture and Food Security Project**（GAFSP）. Nepal Agriculture and Food Security Project（AFSP）. In：*GAFSP*［online］. https：//www. gafspfund. org/projects/nepal－agriculture－and－food－security－project－afsp.

⑭ **FAO.** 2020. *Highlights of Technical Assistance to Food and Nutrition Security Enhancement Project*（FANSEP）. Kathmandu，FAO.

⑮ **Global Agriculture and Food Security Project**（GAFSP）. Food and Nutrition Security Enhancement Project（FANSEP）. In：*GAFSP*［online］. https：//www. gafspfund. org/projects/food－and－nutrition－security－enhancement－project－fansep.

⑯ **Wibowo, S. ，Utomo, B. S. B. ，Ward, A. R. ，Diei－Ouadi, Y. ，Siar, S. & Suuronen, P.** 2017. *Case studies on fish loss assessment of small－scale fisheries in Indonesia*. FAO Fisheries and Aquaculture Circular No. 1129. Rome，FAO. https：//www. fao. org/responsible－fishing/resources/detail/en/c/1379063/.

⑰ **Diei－Ouadi, Y. & Mgawe, Y. I.** 2011. *Post－harvest fish loss assessment in small－scale fisheries：A guide for the extension officer*. FAO Fisheries and Aquaculture Technical Paper No. 559. Rome，FAO. https：//www. fao. org/3/i2241e/i2241e. pdf.

⑱ **GIZ Thailand Agriculture and Food Cluster.** ASEAN Integrated Food Security（AIFS）Framework and Strategic Plan of Action on Food Security in the ASEAN Region（SPA－FS）2015－2020. https：//asean－agrifood. org/? wpfb_dl＝58.

⑲ **Grow Asia.** 2022. The ASEAN *Guidelines to Promote Responsible Investment in Food，Agriculture and Forestry*［online］. Singapore. https：//www. aseanraiguidelines. org/.

⑳ **ASEAN Technical Working Group on Agriculture and Research Development**（ATWGARD）. 2018. *The ASEAN Guidelines on Promoting Responsible Investment in Food，Agriculture and Forestry*. ASEAN. https：//asean. org/storage/2012/05/ASEAN－Guidelines－on－responsible－investment－in－FAF. pdf.

㉑ **Arneth, A. ，Barbosa, H. ，Benton, T. G. ，Calvin, K. ，Calvo, E. ，Connors, S. ，Cowie, A. ，et al.** 2019. *Climate Change and Land：an IPCC special report on climate change，desertification，land degradation，sustainable land management，food security，and greenhouse gas fluxes in terrestrial ecosystems－Summary for Policymakers*. The Intergovernmental Panel on Climate Change（IPCC）. https：//www. ipcc. ch/site/assets/uploads/sites/4/2020/02/SPM_Updated－Jan20. pdf.

㉒ FAO. 2013. *Food wastage footprint：Impacts on natural resources－Summary Report*. Rome，FAO.

㉓ 同㉒.

㉔ FAO. 2014. *Mitigation of Food Wastage Societal Costs and Benefits*. Rome，FAO.

㉕ FAO. 2013. *Toolkit－Reducing the Food Wastage Footprint*. Rome，FAO.

⑱ **Southeast Asian Regional Centre for Graduate Studies and Research in Agriculture** (SEARCA). 2022. *SEAMEO SEARCA：Southeast Asian Regional Center for Graduate Stuidy and Research in Agriculture*[online]. https：//www. searca. org/.

⑱ **Scialabba, N.** 2015. *Food wastage footprint & Climate Change.* FAO. https：//www. fao. org/ documents/card/en/c/7338e109－45e8－42da－92f3－ceb8d92002b0/.

⑱ **Modak, P. , Pariatamby, A. , Seadon, J. , Bhada－Tata, P. , Borongan, G. , Thawn, N. S. & Lim, M. B.** 2017. *Asia Waste Management Outlook.* United Nations Environment Programme (UNEP). https：//www. unep. org/ietc/resources/publication/asia－waste－management－outlook.

⑱ **Le Roux, B. , Van der Laan, M. , Vahrmeijer, T. , Annandale, J. G. & Bristow, K. L.** 2018. Water footprints of vegetable crop wastage along the supply chain in Gauteng，South Africa. *Water*，10 (5)：539.

⑲ **Project Drawdown.** 2019. Sector Summary：Food，Agriculture，and Land Use. In：*Project Drawdown*[online]. https：//www. drawdown. org/solutions/food.

⑲ **Crumpler, K. , Dasgupta, S. , Federici, S. , Meybeck, M. , Bloise, M. , Slivinska, V. , Salvatore, M. et al.** 2020. *Regional analysis of the nationally determined contributions in Asia－Gaps and opportunities in the agriculture and land usesectors.* Environment and Natural Resources Management Working Paper No. 78. Rome，FAO. https：//doi. org/10. 4060/ca7264en.

⑲ **HLPE.** 2014. *Food losses and waste in the context of sustainable food systems.* Rome，FAO. (also available at https：//www. fao. org/3/i3901e/i3901e. pdf).

⑲ **Peñarubia, O.** 2020. Renewable Energy and Reducing Food Loss and Waste in Fish Value Chains. *FAO*，26 October 2020. http：//www. fao. org/flw－in－fish－value－chains/ resources/articles/Renewable－Energy－and－Reducing－Food Loss－and－Waste－in－Fish－Value－Chains/en/.

⑲ **Nash, J. , Peña, O. , Galford, G. , Gurwick, N. , Pirolli, G. , White, J. , Wollenberg, E.** 2017. *Reducing food loss in agricultural development projects through value chain efficiency.* CCAFS Working Paper no. 204. Wageningen，The Netherlands，CGIAR Research Program on Climate Change，Agriculture and Food Security (CCAFS). Availableonline at：www. ccafs. cgiar. org.

⑲ **The James Dyson Award.** 2020. National Runner Up－Barcodiscount. In：*The James Dyson Award*[online]. https：//www. jamesdysonaward. org/2020/project/barcodiscount/.

⑲ **FAO.** 2020. *Food Loss and Waste Measurement Linked to the Food Loss Analysis Methodology.* [Cited 2 October 2020]. http：//www. fao. org/3/nc079en/nc079en. pdf.

⑲ **United Nations Environment Programme & Climate and Clean Air Coalition.** 2021. *Global Methane Assessment：Benefits and Costs of Mitigating Methane Emissions.* Nairobi，United Nations Environment Programme. https：//www. unep. org/resources/report/global－methane－assessment－benefits－and－costs－mitigating－methane－emissions.

⑱**FAO.** 2019. *The State of Food and Agriculture* 2019：*Moving forward on food loss and waste reduction.* Rome，FAO. 182 pp. （also available athttps：//www. fao. org/3/ca6030en/ca6030en. pdf）.

⑲**UNEP.** 2021. *Food Waste Index Report* 2021. Nairobi，United Nations Environment Programme. https：//www. unep. org/resources/report/unep－food－waste－index－report－2021.

⑳ **United Nations Environment Programme & Climate and Clean Air Coalition.** 2021. *Global Methane Assessment*：*Benefits and Costs of Mitigating Methane Emissions.* Nairobi，United Nations Environment Programme. https：//www. unep. org/resources/report/global－methane－assessment－benefits－and－costs－mitigating－methane－emissions.

㉑**Asian Development Bank**（ADB）**& International Food Policy Research Institute**（IFPRI）. 2019. *Ending hunger in Asia and the Pacific by* 2030：*An assessment of investment requirements in agriculture.* Mandaluyong City，Philippines，ADB，IFPRI. https：//www. adb. org/sites/default/files/publication/533281/ending－hunger－asia－pacific－2030. pdf.

㉒ **FAO.** 2020. *Food Loss and Waste Measurement Linked to the Food Loss Analysis Methodology.* [Cited 2 October 2020]. http：//www. fao. org/3/nc079en/nc079en. pdf.

㉓**FAO.** 2020. *Guidelines on the measurement of harvest and post－harvest losses － Findings from the field test on estimating harvest and postharvest losses of fruits and vegetables in Mexico. Field test report.* Rome，FAO. https：//www. fao. org/3/cb1511en/CB1511EN. pdf.

㉔**FAO.** 2016. *Food Loss Analysis*：*Causes and Solutions. Case studies in the Small－scale Agriculture and Fisheries Subsectors*：*Methodology.* Rome，FAO. https：//www. fao. org/3/az568e/az568e. pdf.

图书在版编目（CIP）数据

联合国粮食及农业组织关于亚洲及太平洋地区减少粮
食损失和浪费的区域战略／联合国粮食及农业组织编著；
尹艺伟，娄思齐译. -- 北京：中国农业出版社，2025.
6. --（FAO中文出版计划项目丛书）. -- ISBN 978-7
-109-33205-8

Ⅰ. F330.61

中国国家版本馆CIP数据核字第2025RG7765号

著作权合同登记号：图字01-2024-6555号

联合国粮食及农业组织关于亚洲及太平洋地区减少粮食损失和浪费的区域战略
LIANHEGUO LIANGSHI JI NONGYE ZUZHI GUANYU YAZHOU JI TAIPINGYANG
DIQU JIANSHAO LIANGSHI SUNSHI HE LANGFEI DE QUYU ZHANLÜE

中国农业出版社出版
地址：北京市朝阳区麦子店街18号楼
邮编：100125
责任编辑：王秀田
版式设计：王　晨　　责任校对：赵　硕
印刷：北京通州皇家印刷厂
版次：2025年6月第1版
印次：2025年6月北京第1次印刷
发行：新华书店北京发行所
开本：700mm×1000mm　1/16
印张：9.25
字数：176千字
定价：78.00元